il Superlibro delle BARZELLETTE di Topo Bi

Illustrazioni di Roberto Luciani

GIUNTI Junior

Introduzione

Per cominciare... mi presento!!!

Mi chiamo **Topo Bi** e ora ti lascerò a bocca aperta e occhi lucidi! Perché? Non l'hai ancora capito? **Su, su,** che ci puoi arrivare…

Ecco, sì, proprio per questo: ti farò ridere tanto da non riuscire a chiudere la bocca…

piangerai dal ridere!

E non è finita qui… ogni barzelletta racchiusa in questo libro potrà diventare per te occasione di **divertimento** con gli amici. Dopo ore e ore e ore di scuola, quando ormai la vista si annebbia e anche il sole appare grigiastro, cosa c'è di meglio che risollevare il morale dei tuoi compagni con una serie di **freddure** da mozzare il respiro?

E quale metodo migliore per conoscere nuovi amici sotto l'ombrellone (se sei al mare) o attaccare discorso con la bambina che mangia vicino a te in montagna, o passare il tempo sull'autobus, in metropolitana, ai semafori... **ok, ok,** ora mi fermo.

Vedo fin da qui che sei impaziente di ridere...
ridere...
ridere...

1,2,3...
Pronti... via!!!

A proposito, sai cosa fa un topolino vestito di rosso sopra le strisce pedonali? Attraversa la strada, no? **ah ah ah!**

Ragazz

terribili

Ragazzi terribili

Il figlio del capostazione

– Tu che sei il figlio del capostazione, sai dirmi quando parte il treno?
– Quando papà fischia, signore!

Troppo facile fidarsi

Un ragazzino si rivolge a un bambino più piccolo: – Hai buoni denti?
– Purtroppo no.
– Perfetto. Allora tienimi il croccante mentre faccio questa partita al pallone!

Nel panificio

Un ragazzo entra in un affollato panificio e domanda al panettiere:
– Ha del pane di ieri?
Il panettiere lascia il banco, gli si avvicina e gli molla un ceffone.
Alle proteste dei clienti, sbotta:
– È la terza volta che entra e mi rivolge quella domanda. E appena gli rispondo "Sì" lui mi dice: "Bravo cretino, poteva farne meno".

La carriola

– Giorgio, perché vai in giro con la carriola rovesciata?
– Perché se la porto diritta i miei compagni me la riempiono di sabbia e me la fanno trasportare!

Il fazzoletto

Un bambino raffreddatissimo è seduto in tram vicino a una signora che lo osserva. Ogni tanto il bambino inspira a lungo con il naso, rumorosamente.

Dopo una, due, tre volte, la signora perde la pazienza.

– Piccolino, – gli chiede – non hai un fazzoletto?

– Sì, signora, ce l'ho. Ma la mamma mi ha detto che non si deve prestare a nessuno.

Andrea Andrea

La mamma: – Andrea, come si fa a dire alla cuginetta che è un'oca? Vai subito a scusarti dicendo che ti dispiace.

Andrea va immediatamente: – Luisa, mi dispiace che tu sia un'oca.

Quando sono nato

– Mamma – chiede Andrea – quando io sono nato, tu dov'eri?
– All'ospedale, caro.
– E papà dov'era?
– Accanto a me!
– Ma allora, per la miseria, chi m'ha fatto entrare in casa?

La sorellina

– Allora la mamma ti ha comperato una bella sorellina, vero? Sei contento? – chiede la zia.
– Non tanto, avrei desiderato un fratellino… – risponde Luigi.
– Be' – aggiunge sorridendo la signora – in questo caso i tuoi genitori non avrebbero che da cambiarla!
– Impossibile, – risponde serio Luigino – ormai è da più di una settimana che la usiamo!

Ragazzi

– Da che cosa si capisce – dice una madre preoccupata – che un bambino è diventato un uomo?
– Da un test semplicissimo: – risponde il pediatra – quando, davanti a una pozzanghera di fango, le gira accuratamente intorno invece di saltarci dentro a piè pari.

Il nonno

– Babbo – domanda Elisa – perché il nonno è senza denti e ha così pochi capelli?
– Perché è vecchio!
Elisa guarda preoccupata il fratellino di pochi mesi, poi esclama:
– Papà, allora vi hanno imbrogliato. Vi hanno dato un bambino già vecchietto!

Mamma

La mamma rimprovera la figlia:
– Ogni volta che fai la cattiva, mi cresce un capello bianco!
– Allora ai tuoi tempi sei stata davvero una monella: basta guardare la nonna!

A prendere il sole

– Luca, vai a prendere un po' di sole – ordina la mamma. – Ti farà bene.

Poco dopo Luca rientra dicendo:

– Mamma, sono salito anche sull'albero, ma a prendere il sole non ci arrivo!

Stefano!

– Mamma, mi è caduto un pezzetto di noce sulla minestra. Devo mangiarla ugualmente?

– Certo, Stefano, basta che tu tolga la noce col cucchiaio…

– Già, e se la minestra è diventata… nociva?

In passeggiata

Durante una passeggiata in campagna la mamma e la bambina vengono sorprese da un improvviso temporale.

Mentre corrono verso una capanna per mettersi al riparo, un lampo illumina per un attimo tutto il paesaggio.

– Oh! Mamma, – esclama la bimba – guarda: è il Signore che ci fa una foto.

In vacanza

Al figlio che parte per una vacanza, la madre, conoscendo la pigrizia nello scrivere, si raccomanda:
– Ti metto nella valigia sei buste affrancate, col mio indirizzo e sei fogli bianchi. Non dovrai far altro che scrivere "Va bene" e io capirò.
– Ho un'idea migliore – risponde il ragazzo. – Tu scrivi "Va bene" su tutti i fogli. Se un giorno andrà male, prima di inviare la lettera, segnerò la frase con una croce.

Furbo e precoce

– Sai? – confida un ragazzo con aria d'importanza all'amico – mia mamma dice sempre che io sono un bambino intelligente: a dieci mesi sapevo già camminare!
– E questo lo chiami essere intelligente? – risponde l'altro. – Io a due anni mi facevo ancora portare in braccio!

Luca

– Mamma, mamma – dice piangendo Luca tornando da scuola.

– Che succede, perché piangi? – chiede amorevolmente la madre.

– Un mio compagno di classe mi ha dato un calcio e un pugno sul naso...

– Che cattivone! – gli risponde la mamma preoccupata. – Sapresti riconoscerlo?

– Penso di sì, ho la sua lingua in tasca!

Dal salumiere

Andrea: – Vorrei dieci centeseimi di salame.

Il salumiere risponde: – Con dieci centesimi e ne posso dare solo una fettina!

Andrea replica con indifferenza: – Non importa. Basta che la tagli grossa!

Sensibilità

– La mia Emma – confida la mamma – ha un animo così sensibile che il pomeriggio non dorme mai per non... schiacciare il pisolino!

– Mai come il mio Ercolino. Pensa che non fa altro che rimproverare il pendolo della sala perché... batte le ore!

Bambola

Robertina e Francesca giocano alle signore.

– La mia piccola – dice Robertina all'amica mostrando la sua bambola – non vuole dormire, soffre d'insonnia!

– La mia non vuol mangiare nulla – interviene Francesca – soffre d'infamia.

Autoritratto
– Papà, è vero che se un pittore si fa un ritratto, si dice autoritratto?
– Sì, certo.
– Allora un falegname che si fa un mobile, si fa un'automobile?

Banana
Elisa chiede meravigliata a Michele che sta mangiando una banana: – Ma come, tu non la sbucci?
– E perché dovrei sbucciarla? – risponde sorpreso. – So già cosa c'è dentro!

Se fai la scimmia
– Ricorda – dice la mamma a Sara – se sarai brava andrai in paradiso; se invece sarai cattiva, andrai all'inferno.
– E cosa devo fare per andare al circo?

Uno pari!

La mamma è andata al supermercato, ma nonostante le raccomandazioni i figli, restati a casa, fanno un baccano indiavolato.

A un tratto suona il campanello. È la padrona di casa: – Non avete sentito che ho ripetutamente picchiato alla parete?

– Sì, signora! Ma non si preoccupi, anche noi abbiamo fatto un po' di chiasso!

Al pronto soccorso

Due bambini arrivano di corsa al pronto soccorso.

– Dottore ho appena ingoiato una pallina.

– E tu? – chiede il medico al più piccolo che sembra preoccupatissimo.

– Io? Io sono il proprietario della pallina.

Cronaca

Massimiliano chiede a suo papà:

– Papà, mi sai dire in quale parte del corpo si trova il grossetano?

– Ma in nessuna parte! Perché?

– Perché sul giornale c'è scritto: "Ferisce il rivale con un colpo di pistola nel grossetano".

Una minestra infernale

– Mamma, questa minestra è cattiva e io non la mangio!
– Attento Luigi… chiamo il diavoletto!
– Tanto non la mangia nemmeno lui!

Dio fa il bagno?

– Mamma, Dio fa il bagno?
– Ma che domande fai?
– Sai, tutte le mattine sento che papà bussa alla porta del bagno e dice: "Dio, ma sei ancora dentro?".

Mangiare il pollo

Mario sta mangiando il pollo…
– Sii educato, prendi la forchetta con la mano sinistra, il coltello con la mano destra.
– E il pollo con quale mano lo prendo? – chiede Mario.

Solo una domanda...

cap. 2
Solo una domanda...

Alta marea
– Tommasino, perché c'è l'alta marea?
– Perché i pesci nuotando in continuazione sudano!
– Oh bella, e perché poi viene la bassa marea?
– Be'… perché sudando viene loro sete e allora bevono…

Esame
Un ragazzino, non sapendo risolvere il problema d'esame, pensa di fare lo spiritoso e consegna il compito scrivendo sul foglio lasciato in bianco queste parole:
– Dio solo conosce la risposta. Buona giornata.
Otto giorni dopo riceve la risposta:
– Dio è stato promosso e tu no. Buon anno.

A scuola

Dopo molta indecisione, una madre alquanto possessiva decide di mandare a scuola la sua bambina.

A mezzogiorno ne aspetta il ritorno con ansia e non appena la bambina entra in casa le chiede: – Allora dimmi, come è andato il tuo primo giorno di scuola?

– Benissimo, ma ero un po' preoccupata.
– Preoccupata? E perché?
– Be', era la prima volta che ti lasciavo da sola.

Giuseppe Garibaldi

L'eroe dei due mondi, dopo una vittoriosa battaglia, passa in rassegna le sue truppe.
– Dimmi tu! – chiede fermandosi davanti a un soldato. – Com'è andata?
– Ho perso un occhio, generale.
– E tu? – rivolgendosi ad un altro.
– Ho perso un braccio!
– E tu?
– Ho perso una gamba!
– Bene, ragazzi – conclude Garibaldi. – Però un'altra volta cerchiamo di stare più attenti…

Analisi grammaticale
Scarpa: nome comune di cosa…
Genere: femminile…
Numero: secondo chi le porta!

È così che si fanno i compiti!

– Scusi, – chiede Federico al fruttivendolo – vorrei tre chili, quattro etti e sessanta grammi di mele da ottantotto centesimi.

Il negoziante, un po' stupito dalla richiesta, pesa la quantità ordinata, fa il conto su un foglietto e lo porge al ragazzo, che lo afferra e scappa urlando:

– Grazie! Mi ha risolto il problema di aritmetica!

Vaccinazione

Il dottore ha vaccinato Pierino e sta per applicargli un cerotto sulla piccola ferita.

– Per piacere, signor dottore – chiede il bambino – il cerotto me lo metta sull'altro braccio.

– Ma no, caro – risponde il medico – te lo metto sul braccio sui cui ho effettuato la vaccinazione, perché così, se per caso ti dolesse, i tuoi compagni di scuola eviteranno di picchiarti proprio su quel braccio.

– Eh, dottore! – sospira Pierino. – Si vede che lei non conosce i miei compagni di scuola!

Primo giorno di scuola

Luigi siede per la prima volta nel suo banco e alza la mano.

Incuriosito, il maestro chiede: – Sentiamo, che cosa vuoi sapere?

– Signor maestro, quando incominciano le vacanze?

Il futuro necessario

– Il futuro del verbo mangiare?
– Digerire, signora maestra!

Il futuro da evitare

– Dimmi il futuro del verbo rubare.
– Io andrò in prigione, tu andrai in prigione...

Egitto

– Come sono chiamati gli abitanti dell'antico Egitto?
– Mummie!

Tema

Tema: Se trovassi un miliardo per strada, cosa ne faresti?

Svolgimento: Se io trovassi per la strada un miliardo smarrito da qualche ricco, me lo terrei, perché tanto lui ne ha già molti. Se invece quel miliardo lo avesse perso un povero diavolo allora correrei subito a riportarglielo.

Pulizia

All'alunno non troppo pulito, a giudicare dallo sgradevole odore che emana, il maestro raccomanda:
– Dovresti lavarti più spesso, figliolo...
– Ma se faccio il bagno tutte le mattine! – ribatte il monello.
– Se è così, cambia almeno l'acqua!

Siamo alunni o generali?
La maestra è arrabbiatissima: – Vieni a scuola senza penna? – urla a Michele. – Che cosa diresti di un soldato che va in guerra senza il fucile?

Michele risponde: – Che è un generale, signora maestra!

Cerchi quadrati
– Maestra, siccome ho dimenticato il compasso, posso fare i miei cerchi quadrati?

Astronomia
La maestra agli alunni: – Ricordatevi che domani ci sarà l'eclissi di sole. Guardatela!

– Sì, signora maestra… – rispondono in coro.

– Ma su quale canale? – chiede Cirillo.

L'importante è rispondere
– Com'è andata a scuola, Luca?

– Bene, papà. Figurati che la maestra ha fatto una domanda alla quale solo io ho saputo rispondere!

– Bravo. E che cosa ha chiesto?

– Ha chiesto chi aveva messo l'inchiostro nella vaschetta dei pesci.

Esame di storia

Un giorno arriva l'ispettore a scuola.
– Omar, chi ha sfondato Porta Pia?
– Signor Ispettore questa volta non sono proprio stato io.

L'ispettore guarda il maestro come per dirgli che il ragazzo è da bocciare.

Il maestro allora interviene:
– L'alunno ha ragione: le assicuro che non si è mosso di classe.

Lispettore, allibito, corre dal dirigente scolastico e racconta l'accaduto.

Il direttore, allarmato, risponde: – Guardi, Signor Ispettore, qui siamo come una famiglia sola; mi dica quanto le devo e pagherò io la porta!

Parola sdrucciola

– Michele, dimmi una parola sdrucciola.
– Banana, signora maestra!

Confine

La maestra spiega la lezione di geografia:
– Il Piemonte a mezzogiorno confina con la Liguria...
Luca alza la mano e domanda: – Scusi, signora maestra, e alle undici con chi confina?

Colombi o piccioni?

La maestra interroga in geografia:
– Luigino, dimmi una delle caratteristiche di Venezia.
Luigino risponde: – I colombi.
– Va bene; però non si dice colombi, ma piccioni.
L'ora successiva la maestra interroga in storia: – Dimmi tu, Paolo, chi ha scoperto l'America?
E Paolo: – Cristoforo Piccione!

Il passato di pomodoro?

Io pomodorai, tu pomodorasti, egli pomodorò.

Medici e farmacisti

– Quali furono i più fedeli alleati dei Medici?
– I farmacisti!

Non si può dormire

Antonello dorme in classe. La maestra lo vede e lo rimprovera: – Antonello, lo sai che non si può dormire in classe?

– Certo, maestra, lei parla sempre!

Piccole vendette

Un giovane che a scuola ha sofferto molto a causa dell'analisi grammaticale, diventato vigile urbano coglie la sua professoressa in contravvenzione.

– E adesso, si metta sul bordo della strada – ordina – e mi ripeta questa frase coniugandone i verbi in tutti i tempi dell'indicativo e del condizionale: "Io non devo viaggiare a 120 km all'ora quando il limite di velocità è stabilito a 100 km orari".

La verità

Dario confida al compagno di banco:
– Chi capisce qualche cosa col nostro maestro? Ieri ci ha detto che 6 + 3 = 9. Oggi invece ci dice che 5 + 4 = 9. Che cosa dobbiamo credere?

Il perimetro

La maestra domanda: – Oscar, hai trovato il perimetro?
– Signora maestra, è un'ora che cerco anche in cartella, ma non lo trovo. Forse l'ho lasciato a casa.

Grammatica o matematica?

La maestra interroga il piccolo Francesco:
– Francesco, qual è la seconda persona dell'indicativo presente del verbo essere?
L'alunno risponde: – Sei, signora maestra!
– Bravo! E la terza?
La risposta arriva subito, velocemente:
– … Sette!

Non è proprio così!

La maestra spiega agli alunni un difficile problema: – Se un muratore – dice – impiega dieci giorni per costruire un muro, sette muratori potrebbero costruire lo stesso muro in un giorno.

Chiama Andrea per verificare se ha ben compreso e lo invita a fare un esempio analogo.

Il ragazzo risponde prontamente: – Se un aereo impiega dieci ore per arrivare in America, sette aerei impiegano solamente un'ora!

Alunni modello

Un preside non riesce a interrogare gli alunni di una classe a causa del rumore assordante nell'aula accanto.

Irritato, piomba nella stanza, prende il più alto che grida più degli altri e lo caccia in ginocchio dietro alla lavagna. Poi torna nell'altra aula e riprende a interrogare. Dopo un po' tre ragazzetti bussano alla porta timidamente:

– Perdoni, signore, ci potrebbe restituire il nostro professore?

Che precisione geografica!

La maestra interroga: – Mariella, hai studiato la lezione di geografia?
– Sì, signora maestra.
– Benissimo. Allora, dimmi: dov'è la Sardegna?
– A pagina 65, signora maestra!

Canini e gattini

La maestra, dopo aver spiegato la funzione dei denti, chiede a Luca:
– Tu hai cambiato i canini?
– No, io ho cambiato i gattini! – risponde Luca.

Chi è la maestra?

Il direttore didattico entra in una prima elementare e chiede agli alunni:
– Cos'è per voi la signora maestra?
Si alza un alunno che dice:
– La signora maestra è la luce!
E un altro: – La signora maestra illumina la nostra stanza!
Vedendo il dirigente scolastico piuttosto perplesso, si alza allora il capoclasse che spiega: – Sa, è l'unica che arriva all'interruttore…

Analisi grammaticale

Il professore chiede a Luigi: – Ora prova a farmi l'analisi grammaticale della parola "Fernando".

Luigi risponde senza esitazione:
– Fernando è… è gerundio!

Povero maestro incompreso!

In classe c'è un'enorme confusione.

Il giovane maestro stizzito, alla fine, grida:
– Ma come posso far lezione in questo stato?

E Lorenzo, prontamente:
– Faccia il passaporto, signor maestro, cambi stato e vada all'estero!

Una dura pagella

All'età della Pietra, un bambino torna da scuola mogio mogio e, arrivato alla caverna, si avvicina al papà con gli occhi bassi e gli allunga la pagella. Il papà la prende, si accomoda su una grossa roccia e comincia a leggere. Mano mano che scorre i voti, il volto diventa più scuro finché, alzato lo sguardo sul figlio, sbotta:

– Vada per l'insufficienza in lingua e in geografia, ma in storia… Non era che mezza paginetta!

La divisione

La maestra dopo aver spiegato la divisione chiama Francesco alla lavagna e gli chiede: – Quante volte il quattro sta nel due?

Lo scolaro, in difficoltà, non parla. Allora, l'insegnante cerca di aiutarlo con un esempio: – Il tuo cane dorme nella cuccia, vero?

Francesco risponde: – Oh, sì.

– E credi che un toro potrebbe entrare nella sua cuccia?

– Niente affatto!

– Bravo! – dice la maestra. – E perché?

– Perché… il mio cane lo morderebbe!

Senza tanta fatica

Il maestro domanda: – Leo, dimmi due pronomi.

Leo: – Chi? Io?

Il maestro: – Bene, benissimo! Ora sentiamo un'altro.

Se lei mi boccia...

Ugo alza la mano e in tono di sfida dice al maestro: – Maestro, se lei mi boccia commette una truffa.

– Ma come ti permetti? – ribatte il maestro.

La risposta di Ugo è pronta: – Certo, in base al codice penale si rende colpevole di truffa colui che approfitta dell'ignoranza di qualcuno per danneggiarlo.

La firma

– Scusi, come mai ha firmato con tre croci?
– Be', la seconda sta per il nome, la terza per il cognome.
– E la prima?
– La prima sta per "dottor"!

Claudio, lo spiritoso...

– Oltre ai mammiferi, quali altri animali conosci? – chiede la maestra a Claudio.
– I babbiferi e i fiammiferi!
– E oltre ai mammut?
– I babbut e i figliut…

Igiene polare

Interrogazione di geografia. Mariella spiega il Polo Nord: – Al Polo Nord gli esploratori hanno così freddo che, per lavarsi le mani, si mettono i guanti.

Al mercato come a scuola

Una signora cerca il passato di verdure, non trovandolo, chiede a una bambina:
– Scusa bambina, il passato di verdure?
E la bambina, brava scolara, risponde:
– Io verdurai, tu verdurasti, egli verdurò…

Mascalzone!

– Signor maestro, – chiede Elia – lei punirebbe qualcuno per qualcosa che non ha fatto?
– Certamente no! – risponde il maestro.
– Meno male – sospira Luca – perché io non ho fatto il compito!

Che lavoro fa tua madre?

La maestra d'asilo chiede al piccolo Roberto:
– Cosa fa il tuo papà?
– Il meccanico, signorina.
– E tua madre?
– Mia madre fa l'elettricista!
– L'elettricista?
– Sì, ha… dato alla luce le mie sorelline!

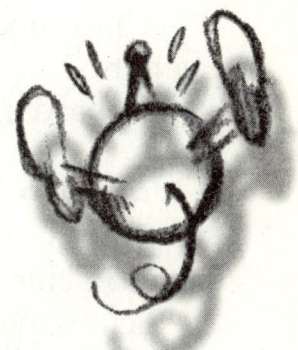

Ai poli

La maestra mostra a Mario il mappamondo e chiede:
– Come mai è schiacciato ai poli?
– Non sono stato io – si affretta a rispondere piangendo il bambino.

Acca

Francesco chiede al compagno di banco:
– Ehi, Simone, "abbiamo" si scrive con l'h?
E Simone: – Dimmi tutta la frase!

L'infinito

– Giacomo, sai dirmi "L'Infinito" di Leopardi?
– Leopardare, signora maestra.

Povero figlio!

– È vero che hai ritirato tuo figlio da scuola? – chiede Paolo all'amico salumiere.
– Sicuro, me lo stavano rovinando!
– Possibile? A scuola?!
– Proprio così: gli insegnavano che un chilogrammo è composto di mille grammi!

Il genere
La maestra domanda: – Il sostantivo "parentesi" è maschile o femminile?
Ettore alza la mano e risponde convinto: – È maschile. Non ho mai sentito dire "Suor parentesi", ma sempre "Fra parentesi"!

Il tema dello scansafatiche
Titolo: "Se tu fossi ricco cosa faresti?".
Tutti i ragazzi scrivono, ma Stefano consegna il foglio completamente bianco.
L'insegnante, incredula, chiede spiegazioni.
– È la mia risposta, professoressa – risponde Stefano. – Se fossi ricco non farei niente!

Questione di tempi
La maestra a scuola domanda: – Io studio, tu studi, egli studia. Che tempo è?
E Gigetto risponde: – Tempo perso, signora maestra!"

Credevi!

– Come ha reagito tuo padre alla pagella?
– Be', sulle prime ha chiuso un occhio.
– Meno male!
– Sì, ma per prendere bene la mira!

Lezione di geografia

Il professore di geografia chiede: – È più lontana la Luna o l'Australia?
Tonino risponde: – L'Australia, professore. Infatti la Luna si vede, l'Australia no!

Problemi di mele

La mamma di Bartolomeo telefona alla maestra: – Le sarò molto grata, signora maestra, se non darà più a mio figlio problemi come quello di ieri che diceva: "Se impiegate cinquanta secondi per mangiare una bella mela, quanto tempo impiegherete per mangiarne dodici?". Spero che il mio bambino possa venire a scuola domani: adesso è ancora a letto con una terribile indigestione!

Presente telefonico

– Dimmi il presente del verbo telefonare
– Sì, io telefono, tu telefoni, egli telefona, noi telefoniamo, voi telefonate, essi… pagano la bolletta!

Addizioni approssimative

– Quanto fa nove più sei?
– Sedici.
– Asino! Fa quindici.
– Però mi sono avvicinato!

Lo zaino

La maestra a Pierino:
– Pierino, se metto nello zaino 5 libri di italiano, 7 di matematica e 1 di storia, quanti libri avrò?
Pierino, scocciato:
– Abbastanza per rovinarmi le vacanze, signora maestra!

In viaggio

e non solo

In viaggio... e non solo

Esame di guida

– Quando nel radiatore l'acqua bolle, lei che cosa fa?

E l'allievo spiritoso: – Butto giù gli spaghetti!

– Bene, allora ripassi quando sono cotti!

Sulla nave

Capitano: – Marinaio Zandonai, spiegate le vele!

Marinaio: – Le vele sono dei pezzi di tela a forma triangolare e servono…

Come fa a fermarsi?

Una graziosa signorina, non molto brava a guidare la sua auto, a un certo punto frena in ritardo e va a sbattere con la sua utilitaria contro un autobus, fermo al semaforo.

Il conducente dell'autobus scende a vedere che cosa è accaduto.

Per fortuna i danni non sono gravi.

Allora il conducente chiede alla graziosa guidatrice: – Scusi signorina… ma come fa a fermarsi quando non c'è un autobus?

Al risparmio!

Al Salone dell'Automobile viene presentata una nuova utilitaria veramente economica. Un visitatore chiede di provarla. Si siede al posto di guida, gira la chiavetta, ma non succede nulla.

– Non parte – osserva il visitatore.
– Giri, giri ancora la chiavetta: la molla si deve caricare per bene!

Bisogna essere più svegli!

Un signore sale sul treno a Torino e deve scendere a Verona alle 3,30. Dà la mancia al capotreno e gli chiede:
– Mi svegli: io ho il sonno pesantissimo, reagirò, protesterò… ma la prego, mi svegli e mi faccia scendere a Verona.

Appena il treno parte si addormenta… e si sveglia a Venezia.

Corre dal capotreno arrabbiatissimo e lo copre di insulti.

Ma il poverino implora:
– Basta per carità… Sapesse quante ne ho già sentite dal signore che ho fatto scendere dal treno a Verona!

Le gallerie

Michele e Luca viaggiano in treno.
– Hai notato? – dice Michele. – Il treno prima di entrare nella galleria rallenta!
E Luca: – Deve pur prendere la mira!

Due treni si incontrano e si dicono: Che coincidenza!

Motociclista sfortunato

Lo starter spara il colpo per la partenza della corsa.

Tutte le motociclette partono rombando, tranne un corridore che rimane fermo.

– Perché non si decide a partire? – chiede lo starter.

E il motociclista, con voce piagnucolosa:

– Perché lei mi ha sparato in una gomma?

Esame crudele

Durante l'esame di guida la giovane allieva investe un pedone che rimane steso sotto l'auto.

– Adesso cosa faccio? – piagnucola la guidatrice guardando in basso.

Anche l'esaminatore si sporge dal finestrino e sente il povero investito che gemendo sussurra:

– Sposti le ruote davanti… sposti le ruote davanti…

Allora l'esaminatore grida al malcapitato:

– Lei non suggerisca!

Incidente da record

Tullio è fermo davanti a un deposito di macchine incidentate.

Un signore passa di lì e, vedendo la sua aria molto stupita, gliene chiede il motivo.

E Tullio risponde: – In tanti anni… non ho mai visto un incidente così grosso!

Stazione ferroviaria

Un funzionario delle Ferrovie dello Stato chiede: – È vero che il macchinista è stato licenziato perché è entrato nell'ufficio del capostazione senza bussare?

– Verissimo!

– Però mi sembra una punizione troppo severa!

– Già! Ma è entrato con tutta la locomotiva!

Spiritoso

– Andrea, perché porti sempre in macchina un cucchiaio?
– Per imboccare le gallerie!

E se fosse la stessa cosa?

Luigi arriva trafelato in stazione:
– A che ora parte il treno delle undici e tre quarti? – chiede a un impiegato.
– Alle dodici meno un quarto – risponde quest'ultimo.
– Accidenti, sempre in ritardo!

Viaggio gratis

Pietro si lamenta con Riccardo dell'aumento dei prezzi dei biglietti del treno.
– Io in treno viaggio sempre gratuitamente – dice Riccardo.
Pietro si meraviglia: – Caspita, e come fai?
– Semplice, percorro rapidamente il convoglio, finché non trovo una toilette occupata. A questo punto busso alla porta e grido: "Sono il controllore, mi passi il suo biglietto sotto la porta, grazie!".

At

tenti!

cap. 4
At-tenti!

Il rastrello

Antonio, spaventato, telefona alla polizia e racconta di essere stato colpito nell'oscurità da uno sconosciuto, davanti alla propria abitazione. Un agente accorre.

Poco dopo il poliziotto rientra in caserma.
– Tutto in ordine – comunica al comandante. – Complimenti, sei stato velocissimo! Come hai fatto?
– Be'… capo, sono finito anch'io sul rastrello!

L'abito non fa il monaco

Un contadino vede nel suo campo due carabinieri che stanno cogliendo alcuni grappoli d'uva. Imbarazzatissimo osserva a lungo la scena, si gratta la testa e poi dice al figlio:
– Vai a chiamare i ladri!

Detective

– Perbacco! – esclama il famoso detective, incaricato di risolvere un difficile caso, mentre esamina il vetro rotto di una finestra. – La cosa è più seria di quel che pensavo: il vetro è rotto da tutte e due le parti!

Il bravo vigile

Il vigile all'autista: – Mi deve 5 euro di multa, ha suonato il clacson in centro abitato!

Il multato consegna 10 euro e rimane in attesa del resto. Ma il vigile, che non ha 5 euro da restituire, gli dice: – Faccia un'altra suonata e siamo a posto!

220 volt!

Il maresciallo comanda:

– Appuntato, appuntato, accenda la luce!

Obbediente il carabiniere continua a premere l'interruttore.

– Ma cosa sta facendo? – urla il comandante. – Maresciallo... 220 volt, c'è scritto!

Sul ghiacciaio

Il comandante ha portato i soldati in alta montagna. Arrivati all'inizio del ghiacciaio esclama:
– Qui incomincia la neve perenne.
– Capitano, – ribatte Gino – anche nel mio paese la neve comincia per "enne"!

Tanti auguri!!!

Remo chiede a Roberta: – Quanto tempo impiega un carabiniere a scrivere "Tanti Auguri" su una torta di compleanno?
Roberta non lo sa.
– Sei ore e un quarto – le dice Remo.
– È impossibile!
– Sì! Un quarto d'ora per scrivere "Tanti Auguri" e sei ore per togliere la torta dalla macchina da scrivere!

Tra venditori...

Tre commercianti si vantano delle loro capacità di venditori.

Il primo confida: – Io sono stato capace di vendere un bellissimo televisore a colori a un cieco.

Il secondo racconta: – Io ho venduto un impianto hi-fi a un sordo.

Il terzo: – Io ho venduto un orologio a cucù a un carabiniere.

– Che cosa c'entra? – esclamano in coro gli altri.

– ... Gli ho venduto anche un sacco di mangime per farlo funzionare!

Nello specchio

Michelangelo entra in camera e nello specchio vede un'altra persona.

Corre al telefono e chiama i carabinieri.

Quando il carabiniere entra in camera, nello specchio vede un altro carabiniere. Arrabbiatissimo impreca: – Perché mi avete chiamato, se qui c'è già un collega?

Esami

– Sono sicuro che verrò bocciato agli esami per diventare brigadiere.
– Perché?
– Colpa della matematica.
– Ma sei proprio sicuro?
– Sicurissimo… come tre più tre fa sette!

Divieto di sosta

Il vigile si rivolge a un ragazzo che ha fermato il proprio motorino, con la merce da consegnare, davanti a un portone dove è vietata la sosta:
– Questo motorino non può stare fermo qui.
– Se è così – risponde il garzone – finché io arrivo al quinto piano a consegnare questo pacco, non le dispiace dondolarlo un po'?

Al panificio

Un carabiniere va a fare la spesa.
– Mi dia un chilo di pane, per cortesia.
– Comune?
E il carabiniere, subito: – Palermo!

Il comandante sa leggere?

Il comandante urla infervorato ai soldati prima della battaglia:

– Leggo sui vostri volti il desiderio di morire per la patria!

Un ragazzo grida: – Analfabeta!

Che intelligenza!

In treno un signore mangia semi di mela.

Il carabiniere che gli siede di fronte chiede: – Perché mangia semi di mela?

– Perché sviluppano l'intelligenza! – risponde il signore.

– Ne dà anche a me? – chiede il carabiniere.

– Purtroppo costano: 5 euro ogni seme!

– Me ne dia dieci.

Dopo un'ora il carabiniere si rivolge al signore: – A me non hanno fatto effetto!

– Aspetti ancora un po'!

Dopo tre ore, vicini alla fine del viaggio, quasi in un lampo di genio, il carabiniere esclama: – Ma signore, se con cinquanta euro, invece di comprare dei semi, prendevo le mele, non era meglio?

– Ha visto – conclude il signore – che l'effetto è arrivato?

Il giornale

Ogni mattina il maresciallo manda l'appuntato a prendere il giornale. Un giorno il carabiniere ha un lampo di genio. Per non dover uscire ogni giorno della settimana, compra sei copie dello stesso giornale e ne consegna una al giorno.

Il sesto giorno il maresciallo esclama:

– Dicono che noi carabinieri siamo fessi ma questo ragazzo è già il sesto giorno di seguito che va a schiantarsi sempre contro lo stesso albero!

Tempo di esami

Un carabiniere scende le scale della caserma con un grosso pacco di libri sotto il braccio, imprecando, quando incontra il maresciallo che gli chiede: – Come mai così nervoso, appuntato?

– Caro maresciallo, oggi devo fare l'esame del sangue e non so proprio nulla.

Aiutoooooo!

È finalmente arrivato il momento del lancio. L'istruttore detta le istruzioni.

– Arrivati al punto indicato, a tremila metri di altezza, vi lanciate. Quando scenderete a duemila metri, tirate la prima corda e il paracadute si aprirà a metà. A mille metri tirate la seconda corda e il paracadute si aprirà del tutto. Arrivati a terra troverete un camion militare che vi aspetta per condurvi all'accampamento.

Enzo si lancia dall'altezza stabilita. A duemila metri tira la prima corda: il paracadute non si apre e la corda si spezza.

A mille metri tira la seconda corda e purtroppo il paracadute non si apre e la corda si spezza.

– Che organizzazione! – impreca Enzo – Vuoi vedere che adesso non ci sarà nemmeno il camion ad aspettarmi?

Mimetizzazione

Il comandante spiega ai soldati quanto sia importante sapere mimetizzarsi. Dopo la lezione consegna a ciascuno un sacco in cui nascondersi.

Il primo soldato finge di essere un gatto.

Quando il generale passa e dà un calcio al sacco, risponde "Miao!", imitando alla perfezione il gatto.

– Bene! – afferma il comandante. –Ti sei mimetizzato bene.

Calcia poi il secondo sacco e sente "Bau, bau!"

– Bravo! – esclama. – Ti sei mimetizzato bene!

Ma quando dà un calcio al terzo sacco: silenzio. Calcia, calcia, calcia ancora: silenzio.

Dopo numerosi calci, dal sacco esce una voce profonda: – Pa-ta-te!

I bambini pesano?

La polizia stradale ferma un'automobile stracarica di bambini. Al volante una signora molto preoccupata chiede: – Cos'è successo?

– Mi dispiace, signora, – le dice il poliziotto – ma una vettura come la sua non può trasportare un peso così grande. Sono costretto a ritirarle la patente!

– Ma è assurdo!… Cosa pensa che alleggerisca: la patente peserà pochi grammi!

Nemmeno l'ultima sigaretta!

Un soldato, accusato di aver tradito la patria, viene condannato alla fucilazione.

Prima dell'esecuzione, l'ufficiale gli chiede se vuole fumare l'ultima sigaretta.

Il condannato fa cenno di sì.

Avuta la sigaretta, la prende fra i denti e dice all'ufficiale: – Fuoco!

A quella parola i soldati sparano!

Andavo troppo forte?

Dopo un inseguimento mozzafiato, un poliziotto riesce finalmente a fermare un automobilista.

– Andavo troppo forte? – chiede stupito l'automobilista.

– Niente affatto… – gli risponde ironicamente l'agente. – Ma per essere un aereo supersonico lei volava troppo a bassa quota…

Chi supera i sessanta

La polizia ferma un'automobile:

– Signora, lei è in contravvenzione: ha superato i 60!

– Non sapevo – risponde la signora – che il codice della strada punisse le persone anziane!

Di corsa...

Un carabiniere al telefono:
– Corra subito, dottore! Il brigadiere Annunziato ha ingoiato una penna stilografica.

Il dottore: – Vengo subito!!! Voi che state facendo intanto?

– Be'... dottore... intanto stiamo usando la matita!

Cibo

da re!

cap. 5
Cibo da re!

In pieno inverno
Due buontemponi entrano infreddoliti in un ristorante.
Uno chiede al cameriere:
– Fate anche roba ai ferri?
– È la nostra specialità signore!
– Benissimo, due maglioni a girocollo!

Al bar
– Cosa desidera?
– Un vermut!
– Chinato?
– No, in piedi, ho fretta!

All'uovo
Un tizio entra in un bar con un uovo di Pasqua.
– Un Marsala.
– All'uovo?
– No, a me!

La mosca

– Cameriere, c'è una mosca proprio nella mia minestra!
– Ssssh… Non gridi così forte, altrimenti la vogliono tutti!

Il ritorno della... mosca!

– Cameriere! Cameriere! Una mosca nella minestra!
– Gliela porto subito, signore.

La resa del... conto

– C'è un errore! – urla Alberto guardando il conto della cena. – Avete sommato anche la data!
– Certo signore, – risponde il cameriere – il tempo è denaro!

Cannibali

Due cannibali sorvegliano una gigantesca pentola che bolle sul fuoco, dove sta cuocendo un missionario.

A un certo momento uno si avvicina al recipiente, solleva il coperchio e vi immerge la propria lancia.

– Perché lo tormenti poverino! – esclama l'altro.

Allora il selvaggio, rimettendo il coperchio, sospira: – Ma mi sta mangiando tutto il riso!

Fame da lupi

Oggi, racconta Luigi, per festeggiare il compleanno della mamma siamo andati a mangiare al ristorante.

Il papà ha chiesto alla cameriera: – Ho una fame da lupo, che cosa posso mangiare?

La cameriera, simpatica e burlona, gli ha consigliato di mangiare una pecora.

Al self service

Un signore si sforza di tagliare una bistecca, ma dopo inutili tentativi la prende in mano e l'addenta.

Dopo qualche morso, si spezza un dente.

Allora chiama il padrone del ristorante per sapere da dove provenga quella carne.

– Vede – gli confida il padrone – noi serviamo sempre carne di vecchi cavalli, ma stamattina abbiamo improvvisamente finito la carne di cavallo e abbiamo fatto le bistecche con il carretto.

La gallina vecchia

– Come distingui una gallina giovane da una vecchia?
– Dai denti.
– Assurdo! Le galline non hanno denti.
– Ma io, sì!

In *trattoria*

– Cameriere, mi porti qualcosa di salato.
– Le porto subito il conto!

È proprio vero!

Un povero diavolo che ha una fame da lupo ma nemmeno una lira in tasca, esclama: – Colui che affermò che l'appetito vien mangiando, non sapeva che razza d'appetito viene... digiunando!

... *Ovvero solo cavallo!*

Mario ha appena terminato di pranzare al ristorante e si complimenta con il cameriere per il pasticcio di lepre, anche se dubita che sia stato preparato solamente con carne di lepre.

– Per essere sinceri – dice il cameriere – c'è anche carne di cavallo.
– In quale proporzione? – chiede il signore.
– Metà e metà – precisa il cameriere. – Un cavallo per ogni lepre.

Furbetto?

Il cameriere propone il menù al signore che si è appena accomodato:
– Abbiamo anche un'eccellente lingua di bue.
– Mi dispiace, ma io non mangio roba che è uscita dalla bocca di un altro. Mi porti un uovo!

La dieta

Un signore deve seguire una dieta rigorosa.
A pranzo gli servono due cucchiai di riso bollito, mezzo formaggino, una ciliegia.
Terminato il pranzo, si rivolge all'infermiera: – Per favore, mi può portare un francobollo? Ho una voglia matta di leggere!

Fatalità?

Un cliente, in trattoria, si sente trascurato e protesta vivacemente:
– Cameriere, il signore al tavolo di fronte viene servito meglio di me! Dov'è il proprietario?
E il cameriere: – Al tavolo di fronte, signore!

Menù a prezzo fisso

Un uomo affamato, ma con pochi soldi, passando in una zona di campagna, vede questo cartello:

"Pranzo di pollo 5 euro".

Felice per il modico prezzo entra, siede a un tavolo e ordina porgendo subito cinque euro. Dopo un po' appare il cameriere con una manciata di granoturco…

Brodo di pollo

– Cameriere! E questo lo chiamate brodo di pollo? Ma vi rendete conto che prendete in giro i clienti?

– A dir la verità, signore, è brodo di pollo molto giovane, giovanissimo: è l'acqua in cui facciamo bollire le uova.

Tranquillamente

– Cameriere, è un'ora che tento di mangiare questa carne durissima.

– Il signore non si preoccupi. Il locale chiude a mezzanotte.

Al bar

– Cameriere, cos'è questo insetto che sta nuotando nel caffè?

– Signore, qui si viene per bere, non per istruirsi!

Sveglia Paolo!

Paolo va dal medico con un dolore all'occhio: – Dottore! Non so che cosa mi succede, ma ogni volta che bevo una tazza di caffè ho una fitta dolorosa all'occhio destro...

– Ha provato a togliere il cucchiaino dalla tazzina?

Polenta

Attilio va dal medico:
– Dottore, dottore non sto molto bene...
– Che cosa mangia a colazione?
– Polenta...
– A pranzo?
– Polenta...
– A cena?
– Polenta...
– E la digestione, com'è?
– Po' lenta...

Tra matti e dottori...

cap. 6
Tra matti e dottori...

Come si fa a capire?

Due pazzi, fuggiti dal manicomio, camminano in mezzo ai binari del treno e saltano da una traversina all'altra.

Dopo alcune ore di cammino si fermano sfiniti.

– Che strana scalinata – esclama uno – non finisce più. Avessero fatto almeno i gradini più vicini tra loro!

– Pazienza per i gradini – sospira l'altro – per me anche le ringhiere sono troppo basse!

Quanti anni ho?

– Ho una casa a due piani con due porte e sei finestre; quanti anni ho?

– Quarantaquattro.

– Perché? Come fai a saperlo?

– Perché mio fratello, che è mezzo scemo, ne ha 22.

Gita in montagna

Due semplicioni salgono in montagna con il tandem.

A un certo punto il primo, stanco e trafelato, si gira e chiede al compagno: – Ma tu non sei stanco?

– No – risponde l'altro stupefatto. – Solo che è da quando siamo partiti che freno per paura di venirti addosso!

Un sacco di risate

Ogni mattina un pazzo corre nel cortile del manicomio, infila la testa in un sacco e si mette a ridere a crepapelle.

Incuriosito il medico gli chiede:
– Che cosa fai con le testa nel sacco?
– Un sacco di risate!

Il cappello

– Che cosa cerca, signore? – chiede gentilmente la commessa.
– Il mio cappello, l'avevo appeso lì...
– È un cappello di feltro, nero e con il bordino grigio?
– Certo!
– Non lo cerchi, ce l'ha in testa...
– Oh mille grazie, che distratto! Se non ci fosse stata lei andavo a casa senza!

Saggi consigli

– Per guarire dal suo raffreddore le avevo consigliato di bere un grappino e poi un bagno caldo. Perché non ha seguito la mia prescrizione?
– L'ho seguita, dottore, ma il bagno caldo non ce l'ho proprio fatta a berlo tutto!

Cura te stesso!

Massimo, che ha seguito un corso di farmacia a dispense, decide di farsi una ricetta per il mal di gola di cui soffriva.

Si reca in farmacia e con orgoglio presenta il foglietto.

Il farmacista lo legge perplesso e alla fine esclama: – Dev'essere molto grosso il suo cane!

Niente Nessuno e...

Ci sono tre amici. Uno si chiama Niente, uno Nessuno e uno Cretino.

Niente si butta dal balcone e Nessuno lo vede. Allora Nessuno dice a Cretino:

– Svelto, telefona alla polizia!

Cretino telefona alla polizia:

– Pronto polizia? Niente si è buttato dal balcone e Nessuno l'ha visto.

– Ma lei è matto?

– No, sono Cretino.

La cura del calcio

Tutti sanno che il calcio è essenziale alla materia vivente, ma a volte c'è un po' di confusione. Un medico, infatti, ha domandato all'infermiere appena assunto:

– Come ha reagito al calcio il paziente del letto 27?

Il giovane infermiere risponde: – Con un pugno nell'occhio!

Ingenuo

Un giovane viene aggredito da due malviventi, ma si difende con grande coraggio. Tuttavia, viene sopraffatto e i ladri gli frugano nelle tasche, ma trovano solamente tre euro.

– Perché hai lottato furiosamente per così poco? – gli chiedono.

– Accidenti se è tutto quello che volevate potevate dirmelo! Ve li avrei dati senza tante storie! Credevo che voleste i cinque milioni di euro che ho in una scarpa!

Il vuoto nella mente

– Dottore, ho dei grandi vuoti di memoria...
– Da quanto tempo?
– Da quanto tempo cosa?!?

Tra psicanalisti

– Come va quel tuo paziente che crede di essere un cammello?
– Molto meglio: ora pensa di essere solo un dromedario.

Zampe

in alto!

cap. 7
Zampe in alto!

Giraffe e millepiedi
– Chi sta più male di una giraffa col mal di collo?
– Il millepiedi col mal di piedi.

Uovo di Pasqua
La maestra chiede a Severino:
– Perché dai il cioccolato alle galline?
– Così faranno l'uovo di Pasqua!

Chi va con lo zoppo...
Un venditore di uccellini elogia il proprio pappagallo:
– Tra un paio di giorni avrà imparato tutto quello che gli si dice!
Un cliente compra l'uccello, ma dopo cinque giorni lo riporta indietro.
– Come mai? – chiede il venditore.
– L'u... l'u... l'uccello bal... bal... balbetta!

I *topi*
– Vorrei del veleno per topi.
– Lo porta via lei?
– Perché secondo lei posso mandare qui i topi?

La *sogliola*
– Michele, cos'è la sogliola?
– È un pesce… lavato e stirato!

Barzelletta estiva
– Perché hai il braccio gonfio?
– È la conseguenza della puntura di un tafano.
– Non l'hai disinfettato?
– No, è volato via!

Nel saloon

In un saloon entra un cowboy accompagnato dal cavallo. Si avvicina al banco e chiede al barista: – Ehi, per piacere, un whisky!

– Subito, signore – risponde il barista, porgendo al cowboy un grande bicchiere di whisky.

Questi lo prende e lo dà al cavallo che lo butta giù tutto d'un fiato.

Sbalordito il barista chiede: – E lei? Non beve?

– Non posso, io devo guidare.

Devi sapere Andrea...

– Papà, è vero che una volta, per pagare la merce, invece dei soldi si usavano pecore, mucche e altri animali?

– Sì, Andrea.

– E come facevano, papà, a mettere delle bestie così grosse nei portafogli?

Chi beve non piglia pesci

Robertino, ragazzino molto curioso, osserva un pescatore seduto tranquillamente con la lenza sulla sponda del fiume e gli chiede: – Prende qualcosa?

E l'altro: – Volentieri: un aperitivo con le patatine!

A pesca

La mamma prega Sandrino di portare la sorellina a pescare, ma lui si rifiuta energicamente.

– L'ultima volta che è venuta con me – protesta – non sono riuscito a pescare nulla.

– Sono sicura che questa volta resterà tranquilla – dice la mamma.

E Sandrino: – Non è per il rumore, mamma… è che mi mangia tutti i vermi!

Serpente boa

– Questo è un serpente boa capace di ingoiare una capra o un asino… Signore, prego, non si avvicini troppo!

... Ti amerò!

Un pappagallo, quando vede passare la signora Michela esclama:
– Tu sei una vecchia ciabatta!
La signora, stanca di essere insultata entra nel negozio e ordina al proprietario:
– Faccia smettere quel pappagallo o la denuncio!
Il giorno dopo, passando davanti al negozio, sente il pappagallo cantare:
– Come prima, più di prima…

Scansafatiche

Pancho e Pablito stanno facendo l'immancabile siesta in casa. A un certo punto Pancho annusa l'aria e dice:
– Forse sta piovendo… che ne diresti, Pablito, di andar fuori a vedere?
– Perché invece non chiamiamo dentro il cane e sentiamo se è bagnato?

Cos'è una zebra?
Un cavallo evaso dal carcere!!!

Imitazione di una gallina

Durante uno spettacolo, il mimo che si esibisce sul palcoscenico annuncia al pubblico: – Ora mi permetterò di fare qualche imitazione.

– Bene, bravo! – approva contento uno spettatore. – È capace di imitare la gallina?

– Ma certo – risponde l'attore.

– Allora ci faccia l'uovo!

Imitare gli uccelli

Un giovane si presenta al direttore di un piccolo teatro alla ricerca di un lavoro.

Il direttore gli chiede: – Cosa sa fare?

– So imitare gli uccelli – gli risponde il giovane.

– Purtroppo non mi interessa.

– Capisco, pazienza.

Apre la tenda e… si alza in volo.

Elefanti

Un bambino racconta a un amico: – Ieri sera sono andato al circo equestre e ho visto per la prima volta gli elefanti.
– Davvero? E come sono?
– Pensa: hanno una grossa coda in bocca.

Il trucco

Un atleta del tutto sconosciuto ha appena battuto il record mondiale dei cento metri piani con otto secondi netti.

Tutti accorrono per congratularsi e sentono il giovane brontolare: – Se pesco quello che mi ha messo una vespa dentro la maglietta…

Corsa campestre

– Sono contento di essere arrivato primo! Saluto tutti gli amici del Bar Sport e… ringrazio quel cane mastino che mi ha inseguito fino al traguardo.

Giovanni il furbo

Il signor Giovanni è un cacciatore che non riesce a prendere mai niente. Un giorno torna dalla caccia con una magnifica lepre. La moglie, perplessa, guarda l'animale e poi chiede al marito: – Come mai questa lepre è completamente senza pelle?

E Giovanni risponde: – Cosa vuoi, cara… stava facendo il bagno!

Passatempi per animali...

Un poliziotto ferma un uomo che cammina per strada con un coccodrillo al guinzaglio e gli ordina di portarlo subito allo zoo.

Il giorno seguente il poliziotto rivede lo stesso uomo, sempre con il coccodrillo al guinzaglio.

Il poliziotto si avvicina all'uomo e lo rimprovera molto aspramente:
– Le ho ordinato ieri di portare il suo coccodrillo allo zoo!
L'uomo risponde:
– Ieri l'ho fatto. Oggi lo porto al cinema!

Esagerato!

– Signore, – ordina il controllore a un viaggiatore che tiene in braccio un cagnolino – il suo cane deve pagare il biglietto!

– Ma se è appena un cucciolo...

– Non ha importanza, le bestie, anche piccolissime, devono pagare regolarmente.

Il signore paga. Uscito il controllore, un altro viaggiatore esclama: – Io al suo posto non avrei pagato. Si tratta effettivamente di un cucciolo!

– Lo so, – fa presente il signore – ma non ha sentito cos'ha detto il controllore? Tutte le bestie, anche piccolissime, pagano il biglietto. Se facevo storie, avrebbe potuto farmi pagare un biglietto per ogni pulce del mio cane!

La pulce

Una pulce entra di corsa in un bar... Ordina cinque whisky, li beve uno dopo l'altro, paga, corre in strada, spicca un salto e cade pesantemente a terra.

– Porca miseria! – esclama rialzandosi – Chi è quell'idiota che mi ha spostato il cane?

L'attesa

Un pescatore da alcune ore si trova in mezzo al lago aspettando che i pesci abbocchino. Finalmente scorge un pesciolino che si avvicina all'amo. Ma il pesce, invece di abboccare, ruba l'esca e se la mangia. Allora il pescatore mette un altro vermicello nell'amo, rilancia la canna e aspetta.

Il solito pesce si avvicina, ruba l'esca e se la mangia. Il pescatore apre la propria gavetta, estrae un po' di pastasciutta e la conficca nell'amo. Il pesciolino mangia anche quella. Allora il pescatore lega la sua bistecca.

Ma il pesce divora pure quella.

Il pescatore infila la fetta di torta di mele, che sua moglie gli aveva preparato e il pescetto riesce a mangiare anche quella senza abboccare.

Tenta infine con un cioccolatino.

Il pesce lo prende, lo mangia e poi, emergendo dall'acqua, chiede al pescatore:
– Scusa, avresti mica un caffè?

Contro gli odori molesti

Una donna si reca al distretto di igiene sanitaria.

– Ho tre sorelle – si lamenta – e viviamo tutte nello stesso appartamento. La prima ha quattro cani; la seconda ha dieci gatti e la terza ha una capra. Può consigliarmi qualcosa per eliminare la puzza?

– Ha provato ad aprire le finestre? – risponde l'impiegata.

– Che cosa? Perderei tutti i miei piccioni!

Un cane da guardia

– Pronto? Pronto? – risponde il direttore del canile. – Mi dica!

– Sono il signor Camiati. La chiamo a proposito del pastore tedesco che ho appena acquistato da lei.

– Non è adatto a fare la guardia?

– È formidabile! Proprio per questo io e mia moglie vorremmo sapere come si fa a distrarlo, mentre tentiamo di entrare in casa.

In vacanza

Due vermi di terra chiacchierano fra loro.
Il primo domanda:
– Dove andrai questa estate?
– Naturalmente a pesca – risponde.

Allo snack

Un coniglio e una volpe entrano in uno snack-bar e siedono al banco.
– Un cespo di lattuga – ordina il coniglio.
– E il suo amico non mangia? – chiede il cameriere.
– No, non mangia.
– Perché non ha fame? – insiste il cameriere.
Il coniglio lo guarda fisso negli occhi ed esclama:
– Senti, amico, se questa volpe avesse fame, credi proprio che io starei seduto qui?

Storie di farfalle

Un signore siede al bancone di un bar.

A un tratto, senza dire una parola, estrae dalla tasca un minuscolo pianoforte, un topolino e una farfalla.

Il topolino si mette al pianoforte e comincia a suonare magistralmente la marcia nuziale, mentre la farfalla canta con una vocetta melodiosa.

Gli spettatori si riprendono dallo stupore e uno di loro balbetta:

– Ma… ma… è meraviglioso! Perché non li presenta in televisione?

– La televisione non vuole saperne! – sospira il proprietario dei piccoli fenomeni. – Ho provato, ma in tv sono troppo furbi ed hanno scoperto subito il trucco: in verità la farfalla non sa cantare. È il topo che è ventriloquo!

Cavalli cinefili

Due cavalli entrano in un cinematografo. La cassiera li fissa sbalordita.
– Due biglietti – chiede uno.
La cassiera impallidisce e riesce appena a balbettare: – Ma... ma... voi parlate!
– Stia tranquilla, parliamo soltanto qui. Le promettiamo che in sala staremo zitti!

Il comico

Un pescatore osserva sbigottito il muso imbrattato di rosso, verde e giallo del pesce che guizza appeso all'amo.
Improvvisamente un altro pesce sbuca fuori dall'acqua e lo implora:
– Per piacere, signore, non potrebbe lasciarlo andare? Stavamo organizzando una serata e lei ha pescato proprio il nostro comico.

Un barboncino nero

– Sono disperata! Ho perso il mio barboncino nero... non so come fare per ritrovarlo...

– Perché non provi a mettere un'inserzione sul giornale?

– Ci avevo pensato; ma non serve. Il mio cane non sa leggere!

Nella neve

Una ragazza viene liberata da una valanga di neve che l'ha travolta.

Appena guarisce chiede di conoscere il suo salvatore per ringraziarlo.

– Sono disposta anche a sposarlo!
– Impossibile, signorina!
– Come, è forse già sposato?
– No, no... solamente che è stata salvata da un cane San Bernardo.

Riuscire o non riuscire...

Un vetturino ferma la carrozzella all'ombra, nell'angolo di una piazza, prende il sacco della biada e cerca di fissarlo davanti al muso del cavallo, per lasciarlo mangiare in pace e per riposarsi anche lui. Interviene un ubriaco, che stava a guardare, che ammonisce: – È inutile. Non ci riuscirai!

Il vetturino finge di non sentire, ma l'altro insiste: – Inutile! Non ci riuscirai.

Seccato il vetturino domanda: – Che cosa non riuscirò a fare?

– Non riuscirai mai a far entrare tutto quel cavallo nel sacco!

Che arte!

Un pittore dilettante si avvicina a un pastore, seduto all'ombra a sorvegliare il gregge:
– Scusi, posso dipingere le sue pecore?
– No, grazie, mi piacciono così come sono.

Autunno

Nel bosco le foglie sono cadute dagli alberi. Una marmotta, prima di andare in letargo, si confida con un tasso: – Uno di questi inverni, cercherò di restare sveglia.
– Per fare che cosa?
– Per vedere come fanno queste foglie a risalire sugli alberi!

Riunione nell'aia

– Bau, bau – abbaia il cane.
– Muuuh – muggisce la mucca.
– Beeeeh – aggiunge la pecora.
L'asino si fa avanti e dice: – Chicchirichì!
Tutti lo guardano stupiti. E lui dandosi un po' di arie: – Visto che bravo? Ho cominciato a studiare le lingue!

Il gatto

Elisa sente il gatto che fa le fusa.
Corre dal babbo gridando:
– Papà! Papà! Il gatto si è addormentato con il motore acceso!

Tempo di carestia

Nella giungla manca il cibo e tutti gli animali fanno la coda per ritirare i viveri con la tessera.

– Per favore – urla l'elefante alla pulce – non cominciamo a spingere!

Discese

Come fa un elefante a scendere da un albero? Si mette su una foglia e aspetta l'autunno!

La coda

– Ti hanno tagliato la coda! – esclama il bassotto, incontrando il suo amico mastino.
– Oh sì, purtroppo...
– Hai sofferto molto?
– Moltissimo, c'ero così attaccato!

In viaggio...

Una gallina arriva con il treno alla stazione.

Si affaccia al finestrino con i bagagli e chiama:
– Tacchino! Tacchino!

Formidabile!!!

Al circo, uno spettatore chiede:
– Cosa fa di tanto strabiliante questo domatore?
– Una cosa eccezionale. È lui che prende in bocca la testa del leone!

Coltivare pulcini

Due coltivatori di tulipani vanno in pensione e decidono di allevare pulcini. Comprano duecento pulcini e li sistemano.

Il giorno dopo, quando vanno a vederli, li trovano tutti morti.

Ne comprano altri e di nuovo li sistemano. Il giorno dopo, morti anche quelli.

Allora il più saggio dice all'altro: – Qui i casi sono due: o tu li pianti troppo a fondo o io dò troppa acqua!

Per la precisione...

Il piccolo Elia sta disegnando, quando chiede alla mamma: – Mamma, quanti tipi di latte ci sono?

– Vediamo un po': latte naturale, pastorizzato, condensato, in polvere... Ma perché me lo chiedi?

– Perché sto disegnando una mucca e vorrei sapere quanti rubinetti le devo mettere!

I serpenti

Mamma serpente e figlio serpentino strisciano tranquilli tranquilli nel bosco. A un tratto il serpentino chiede alla mamma:

– Noi siamo velenosi?
– No, perché?
– Mi sono appena morso la lingua!

Il gallo sfaticato

Luigi ha trascorso le vacanze in un paesino di montagna i cui abitanti sono molto pigri.

Al ritorno racconta agli amici: – Non solo gli abitanti, ma anche gli animali non avevano voglia di lavorare. Pensate che il gallo aspettava che un altro gallo cantasse per primo e si accontentava di muovere la testa in segno di approvazione!

Riunione nel pollaio

In un pollaio costruito accanto a un campo sportivo, finisce il pallone di una squadra di rugby.

Lo trova il gallo che raduna subito tutte le galline e dice: – Vedete? Non è che io voglia fare polemiche... ma guardate un po' che uova fanno negli altri pollai!

Chi è il gallo?
È il capo della Pollizia.

Cos'è la lucertola?
Un riassunto del coccodrillo.

Che bella favola!
Una piccola pulce alla sua mamma:
– Mamma, mi racconti la favola di Pidocchio?

L'uomo invisibile
Un buontempone passeggia per la città trascinando una cordicella.

Incontra un vigile e gli chiede: – Scusi. Ha visto passare l'uomo invisibile?

– No, – risponde il vigile – mi dispiace. Non ho visto passare nessun uomo invisibile.

– Pazienza! – commenta l'altro. – Comunque, se le capitasse di incontrarlo, gli dica che il suo cane l'ho trovato io!

L'aquila

Un'aquila volteggia in cielo, quando vede un topolino sulla sponda di un torrente.

Si butta in picchiata: vaaaam!

Arriva a venti centimetri dal topolino e, senza catturarlo, risale in cielo a velocità supersonica.

Un'altra aquila che ha visto la manovra le chiede: – Perché non l'hai preso?

– L'avevo già letto!

Toponomastica

– Papà, c'è scritto "Toponomastica". Che cosa vuol dire?

– Facilissimo: il topo rosicchia, non mastica!

Pubblicità gratuita

Un tonno invita una bella tonna a una cenetta intima.

Lei sta comodamente seduta in sala mentre il tonno cucina. A un certo punto, lei lo sente gridare: – Che male! Che male!

– È successo qualcosa? – chiede.

– No, nulla. Mi sono tagliato con un grissino!

Le carote

– Le carote fanno molto bene alla vista!
– E tu come lo sai?
– Hai mai visto un coniglio con gli occhiali?

Dal macellaio

– Questa gallina mi sembra poco tenera! – afferma Enrico guardando un pollo dal macellaio.
– Dice che è poco tenera? – risponde il pollivendolo. – Pretenderebbe forse che le saltasse al collo abbracciandola?

Comfort

Un cane sotto l'albero di Natale:
– Finalmente, mi hanno messo la luce in bagno!

Poveretto!

Un fachiro riposa felice e soddisfatto sulla tavola irta di chiodi, tiene tra le braccia un porcospino e, accarezzandolo, mormora:
– Micetto, micetto mio…

Visita medica

– Come si chiama?
– Leone Volpi.
– Accusa qualche disturbo?
– Ho una febbre da cavallo.
– Sente appetito?
– Ho una fame da lupo.
– Riesce a lavorare?
– Lavoro come un asino.
– Dorme?
– Dormo come un ghiro.
– Allora faccia una bella cosa: vada a farsi visitare da un veterinario!

Aiutooo!

Cosa fa un pidocchio sulla testa di un uomo tutto pelato?
Urla:
– Aiutoooooooo, scivolooooooooo!

Cani intelligenti
Una volta avevo un cane che sapeva dire il suo nome. Si chiamava Bau!

Curiosità leonina
Un leone dice alla papera: – Dove sei stata ieri che non ti ho vista per niente?
La papera risponde: – QUA!

Sovrapposizioni
Cosa fa una lumaca su una tartaruga?
Due lenti a contatto!

Nino e Pino
Due aquile volano in cielo. I loro nomi sono Nino e Pino.
Pino vede un aereo a reazione e dice a Nino: – Oh! L'hai visto quello come correva?!?
E Nino risponde: – E ci credo! Volevo vedere te con il sedere in fiamme!!

Effetti sonori
Che rumore fa un maiale quando si sfracella dal quinto piano?
SPECK!

Il piacere dell'acqua
– Cosa ci fa un bel pesciolino rosso nell'acqua minerale?
– Semplice… l'idromassaggio!

Scoperto!
Come si fa a scoprire se un elefante è entrato nel frigorifero?
Dalle impronte sul budino!

Disposizioni automobilistiche
Come si mettono quattro elefanti in una cinquecento? Due davanti e due dietro!

In fila
Gli animali sono in fila per fare la doccia e un elefante dice a un topo:
– Ahi! Mi hai pestato un piede!
E il topo: – Scusa, non ti avevo visto!

Alla moda...
Che cos'è un puntino blu in un prato verde? Una formica con i jeans!

Famiglia

& Co.

Famiglia & Co.

Chi ha cominciato per primo?

– Mamma – chiede Michele che ha appena ricevuto uno scapaccione da suo padre – anche papà è stato picchiato dal nonno quando era piccolo?

– Naturalmente!

– E il nonno, quand'era piccolo, anche lui dal bisnonno?

– Ma certo!

– Allora vorrei proprio sapere chi ha cominciato per primo!

Una mamma che spera

La mamma vuole regalare una bicicletta a Luca, nonostante sia tremendamente pestifero.

Ma il babbo obietta: – Credi forse che con una bici gli passerà la cattiveria?

– Passargli sicuramente no, – risponde la moglie – ma almeno lo porterà un po' più lontano da casa.

Il parere del pediatra

Una signora sconvolta telefona al pediatra: – Dottore, è accaduta una cosa terribile! Mio figlio, giocando, ha inghiottito della sabbia e del cemento. Cosa devo fare?

– Soprattutto non lo faccia bere, signora.

Sculacciate

La mamma affettuosa confida al figlio:

– Quando sono costretta a darti una sculacciata, tesoro mio, io soffro quanto te…

– Sì, mammina mia, ma non nello stesso posto.

Dormire da soli

– Vergogna, Tommasino, un bambino grande come te ha paura di dormire solo!

– Già, parli bene tu, papà. E intanto dormi con la mamma…

Dolce dormire

Franchino è al cinema col padre.
– Papà, papà – dice a un certo punto – osserva il signore davanti a noi. Ha pagato il biglietto e, anziché guardare il film, dorme profondamente. Deve essere proprio uno stupido!

E il padre: – Senti, Franchino, se mi svegli ancora per una cosa del genere t'affibbio un paio di ceffoni…

Potrebbe essere un'idea!

Da poco è nato il loro primo figlio e due giovani sposi discutono animatamente. La causa? Il figlio è nato a mezzanotte tra sabato e domenica. Giovanni, il padre, vuole chiamarlo Sabatino. Mara, la madre, ha deciso che lo chiamerà Domenico.

Il dottore, infastidito, brontola:
– Chiamatelo "Week-end", e finitela!

E io non c'ero!

Una mattina i genitori di Luca devono uscire molto presto e cercano di non svegliare il piccolo che dorme come un angioletto. Quando sono sulla porta sentono delle grida strazianti.

– Mamma, mamma – singhiozza il piccino – che paura ho preso! Mi sono svegliato, sono corso nel tuo letto e tu non c'eri. Sono corso nel letto del papà e non c'era. Sono tornato nel mio letto e non c'ero più nemmeno io...

Comodità

La signora Ada sta partendo per il mare e dice al marito:

– Se nei giorni in cui sarò in vacanza vorrai farti una pastasciutta in fretta, guarda che ti ho preparato l'acqua calda nel frigorifero!

Genitori

– Papà, che cos'è il cervello?
– Lasciami in pace, Luca, ora ho altro per la testa!

Auto-istruzione?!!

– Papà, che fiume è questo?
– Poi te lo dico...
– Papà, e questo monte, come si chiama?
– Non lo so.
– Papà, che cos'è la foce?
– Te lo dirò domani.
– Papà, chi ha scoperto il Polo?

La mamma interviene: – ... e smettila, non distrarre il papà mentre guida!

A quel punto, il papà dice, magnanimo:

– Ma lascialo dire... il nostro bimbo ha pure diritto di istruirsi un po'!

Allo stadio

Un poliziotto osserva meravigliatissimo un bimbo di circa dieci anni che assiste solo alla partita, dalla tribuna centrale.

– Perché un bambino si permette di vedere la partita in una tribuna di centro?
– Ho la tessera! – risponde impettito il bambino.
– E tuo padre?
– Oh, lui è a casa che la sta cercando!

La sorellina

– Andrea, – dice Tommaso al figlio – questa notte è arrivato un angelo e ti ha portato una sorellina. Vuoi vederla?

– No – risponde il ragazzino – vorrei vedere l'angelo.

Le divisioni

La mamma ha comprato per i suoi due figli una confezione di cioccolato.

– Roberto – dice – siccome sei il più grande prendi questo cioccolato e dividilo educatamente con tuo fratello, Mario.

– Che cosa vuol dire educatamente, mamma?

– Significa che devi dare la parte più grossa a tuo fratello.

E Roberto, dopo una breve riflessione:

– Tieni, Mario, prendi il cioccolato e dividilo tu, educatamente…

Perché piangi?

Giampietro piange disperatamente. La mamma cerca di calmarlo e gli chiede:
– Perché piangi a quel modo?
– Al babbo è caduto il martello sul piede!
– Capisco, ed è bello che ti dispiaccia, ma non è una cosa poi tanto grave da piangerci sopra, caro.
– Infatti, mamma: io mi ero messo a ridere e lui...!

Non c'è più rispetto

– Figlio snaturato, birbante! – urla la madre ad Andrea. – Non si risponde male a tua madre? Ricordati che ti ho dato il latte!
– Ci risiamo – risponde seccatissimo il ragazzino. – Dimmi una buona volta quanti litri me ne hai dato di questo latte, così te lo pago e non ne parliamo più...

Sbadato?

La moglie è ammalata e il marito fa il bagnetto a Pietro di anni tre.

– Hai visto che anche senza mamma tiriamo avanti benissimo?

– Sì, papà. Però la mamma, prima di mettermi nella vasca, mi toglie i calzoncini.

La mamma è arrabbiata!

– Non credevo che l'inchiostro fosse così caro, papà.

– Ma non lo è, perché lo pensi?

– Ecco, la mamma si è arrabbiata tanto quando ne ho rovesciata una boccetta sul tappeto.

Giorgio Washington

Johnny rimprovera il figlio fannullone:
– Giorgio Washington, quando aveva la tua età, era il primo della classe!
– Già – risponde il piccolo Oscar – e alla tua era presidente degli Stati Uniti!

Pelato

Elisa osserva una coppia di conigli che si strappano i peli.
– Perché, papà? – chiede.
– È per fare un nido più soffice ai loro piccini.
– Allora, – domanda guardando la testa calva del padre – tu, povero paparino, ti sei pelato tutto per me?

E per il pallone?

– Che ne dici del tuo nuovo fratellino? – chiede la zia Lidia a Enrico.

Ma il ragazzino tutto arrabbiato esclama:

– Sì, per questo i soldi ci sono; ma per un pallone, che io desidero da tanto tempo, non ce ne sono mai.

Colmo

? ? ?

de' Colmi

Colmo de' Colmi
cap. 9

Qual è il colmo...

... per un poliziotto?
Arrestare... la caduta dei capelli!

... per un igienista?
Non lavarsi... per non sporcare l'acqua!

... per una chioccia?
Covare una... malattia!

... per un carabiniere?
Arrestare un carico di cemento prima che sia armato!

... per un barbiere?
Andare pazzo per i pelati!

... per un cuoco?
Friggere il pesce d'aprile!

... per Va-lentino?
Correre come un pazzo!

... per un sindaco?
Avere un'intelligenza fuori dal comune!

... per una pulce?
Fare il pulcino!

... per un elefante?
Non avere mai avuto gli orecchioni!

... per un medico?
Essere paziente!

... per un macellaio?
Parlare con un filetto di voce!

... per un pigro?
Non camminare al sole per non doversi portare dietro la propria ombra!

... per un temporale?
Avere… lampi di genio!

Il primo colmo dei colmi...
Un muto dice a un sordo: attento!
C'è un cieco che ci sta guardando!

... per un falegname?
Sposare una persiana!

... per un falegname (2)?
Portare a teatro la moglie scollata.

... per un pettine?
Battere i denti!

Il colmo di tenerezza per un filosofo?
Accarezzare un'idea!

Il colmo della pietà?
Consolare un binario morto!

... e della pietà per un poeta?
Consolare un salice piangente!

Il colmo per un cuoco?
Piangere perché è finito il riso!

... per una disoccupata?
Chiamarsi Assunta!

... per un subacqueo?
Avere la testa fra le nuvole!

... per un marziano?
Avere l'ernia al disco!

... per un generale?
Sentire freddo... malgrado i gradi!

... per un esquimese?
Prendere delle decisioni a caldo!

Il secondo colmo dei colmi...
Accendere la luce per vedere se c'è buio.

... per un muratore?
Aver paura del cemento armato!

... per un musicista?
Aprire la porta con la chiave di sol!

... per un oculista?
Innamorarsi ciecamente!

... per un orologiaio?
Avere la figlia sveglia!

... per un paracadutista?
Cadere dalle nuvole!

... per un pescatore?
Non apprezzare il sapore della pesca e avere una moglie sarda che si chiama Alice!

... per un pesce?
Perdersi in un bicchier d'acqua!

... per un pilota di Formula 1?
Avere un figlio turbolento!

... per un astronauta?
Avere la luna storta.

... per un astronauta (2)?
Avere gli occhi fuori dalle orbite!

... per sua moglie?
Avere problemi di spazio!

... per un calzolaio?
Trovare un concorrente che gli fa le scarpe!

... per un calciatore?
Dare un calcio alla fortuna!

... **per un barista?**
Ritirarsi in un convento per fare il cappuccino!

... **per un autista?**
Spegnere il motore soffiando sulle candele!

... **per un cane?**
Avere una bella gatta da pelare!

... **per un cane (2)?**
Avere una ciotola nuova di zecca!

... **per un contadino?**
Piantare tutto e non ritornare più!

... **per una contadina?**
Seminare... il panico!

... per un criminale?
Indossare abiti ricercati!

... per un cuoco?
Fare discorsi senza sugo!

... per un fabbro?
Saldare il conto!

... per un dentista?
Essere un tipo molto incisivo!

... per un dentista (2)?
Portare a spasso un canino!

... per un fotografo?
Mettere a fuoco un ghiacciaio!

... per una lampadina?
Essere svitata!

... per un giardiniere?
Rimanere al verde!

... per un pugile?
Andare fino alla stazione per prendere un diretto.

... per un pugile (2)?
Avere una faccia da schiaffi!

... per un sacerdote?
Inchinarsi davanti a un numero... cardinale!

... per un santo?
Lamentarsi di avere un cerchio alla testa!

... per un subacqueo?
Immergersi in una sana lettura!

... per un orologio di contrabbando?
Non sapere l'ora legale!

... per un verbo coniugato?
Chiedere il divorzio!

... per una balena zitella?
Innamorarsi in un baleno!

... per un pagliaccio?
Essere licenziato per mancanza di serietà!

... per un fumatore?
Girare tutta Firenze per trovare un toscano!

... per una presentatrice TV?
Affogare quando la trasmissione va in onda!

... per un altoparlante?
Sentirsi male!

... per un militare?
Restare solo in compagnia!

... per un gioielliere?
Avere… un cuore d'oro!

... per un miliardario?
Esprimersi in parole povere!

... per un costruttore di damigiane?
Aver paura di fare fiasco!

... per un dispettoso?
Non ve lo dico!

... per un orologiaio?
Avere un tic a un occhio e un tac all'altro!

... per uno scultore?
Lavorare sotto un sole che spacca le pietre!

... per uno scultore (2)?
Avere una faccia di bronzo

... per una "retta"?
Avere una giornata storta!

... per una sarta francese?
Allargare la Manica e perdere il filo del discorso!

... per un tappo?
Restare imbottigliato nel traffico!

... per un cannibale?
Mangiarsi una ragazza con gli occhi!

... per un frate?
Fare il pollo alla diavola!

... per un gatto?
Condurre una vita da cani!

... per una giostra?
Essere presa in giro!

... per un'anatra?
Avere la pelle d'oca!

... per un'ape?
Andare a Mosca in Vespa!

... per una mucca?
Avere il raffreddore da fieno!

... per un marinaio?
Salpare con il morale a terra!

... per un viaggiatore?
Perdere il treno per essere andato al bar a prendere un espresso!

... per un pompiere?
Avere una sete ardente!

Qual è il colmo per...

... un prof di matematica?
Piangere a dir... otto!

... per un altro prof di matematica?
Abitare in una frazione di Potenza, essere costretto a mangiare radici e morire di calcoli!

... per il terzo prof di matematica?
Avere l'intelletto acuto, l'animo retto, la penna a sfera e il figlio ottuso!

... per una maestra?
Non avere diritto di voto!

... per un prof di musica?
Mettere una nota a un alunno!

... per un prof di geometria?
Non digerire i rombi!

... per un insegnante di disegno?
Mettere in riga i suoi alunni!

Il colmo del successo per un professore di geografia?
Vedere un fiume seguire il suo corso!

Che cosa beve l'insegnante di lettere al bar?
Il caffè corretto!

Come si chiama il re degli insegnanti?
Re-gistro!

E la squadra degli insegnanti?
Inter-rogazione!

Qual è il colmo...

... per una gallina?
Covare un ovino!

... per una magliaia?
Ingolfare il motore!

... per una tartaruga miope?
Sposare un elmetto tedesco!

... per un picchio?
Non sopportare i battibecchi!

... per un libraio?
Non riuscire mai ad alzare il volume!

... per un idraulico?
Avere il naso che gocciola!

... per un calciatore?
Mettersi le ciabatte quando gioca in casa!

... per un palloncino?
Scoppiare in lacrime!

Chi era

costui?

cap. 10
Chi era costui?

Come si chiama...
in Giappone:

... il numero 13 della nazionale di calcio?
JOCOPOCO MA JOCO

... il numero 14 della squadra di calcio?
NO JOCO MAI

... il miglior dentista?
TEKURO NAKARJA

... il campione di motociclismo?
TOFUSO LA MOTO

Come si chiama...

in Spagna:

... il campione di paracadutismo?
CASCO DE PANSA

... sua moglie?
DOLORES DE PANSA

... la più grande tuffatrice?
MARIA CHE SPANSADA

... la donna più freddolosa?
AMALIA DELANA

in Russia:

... la più nota ballerina?
HOLANKA SBILENKA

... il più grande camminatore?
ANDREI PERIBOSK

in Romania:

... il portiere della nazionale?
GEORGIU SARACINESCU

... il più famoso pugile?
GANCIU DESTRU

... il capo della polizia?
SERGHIEI SELUPESCU

in Inghilterra:

... il direttore del policlinico di Londra?
SIR ING

... il ministro del petrolio?
SIR BATOI

... e sua figlia?
MISS SCELA

in Germania:

... il più famoso pasticcere?
OTTO KRAFFEN

... il campione di nuoto?
OTTO WASCHEN

... il ministro delle poste?
FRANK BOLL

in Italia:

... il più famoso motociclista?
GUIDO LAVESPA

... il più famoso istruttore di scuola guida?
GUIDO MALUCCIO

... il più noto marinaio?
REMO LABARCA

... il più zelante giudice italiano?
MASSIMO DELLAPENA

... l'uomo più famoso d'Italia?
RINO MATO

E infine, come si chiama...

... il campione indiano di salto in lungo?
DALHI ALHÁ

... il portiere della nazionale di calcio greca?
PARALIRIGURIS

... il più grande falegname cinese?
CHIO DIN

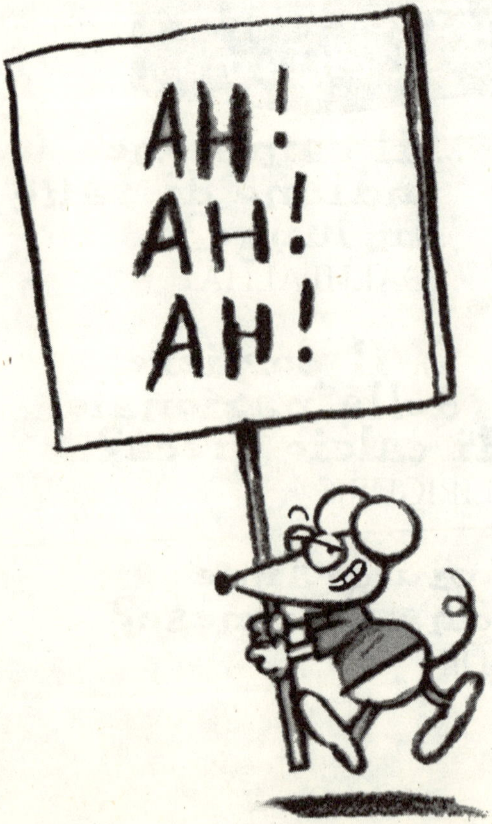
AH!
AH!
AH!

Ride bene chi ride ultimo

Ride bene chi ride ultimo

cap. 11

A teatro
– Perché quando c'è uno spettacolo comico ti siedi sempre all'ultimo posto?
– Perché ride bene chi ride ultimo!

Lei è di Crema?
Un turista nell'attraversare la cittadina di Crema si rivolge ad un passante…
– Scusi, lei è di Crema? – domanda.
– Oh, no! – ribatte offeso l'interpellato. – Io sono di carne ed ossa come lei!

In ufficio
– Signorina – afferma il capoufficio – "lettera" si scrive con due "t".
– Va bene, signore, ma sulla tastiera del computer ce n'è una sola!

Un'offerta gentile

– Mario, – dice la moglie al marito – qui alla porta c'è un signore che sta raccogliendo le offerte per la piscina cittadina. Cosa devo dargli?

– Dagli tre bottiglie d'acqua!

Solo una volta...

Alcuni turisti ammirano in vetta alla montagna un burrone.

– Si cade spesso da questo posto? – chiede uno di loro.

– Generalmente una volta sola, signore – risponde il padrone del rifugio alpino.

In un negozio

– La signora desidera?
– Vorrei una camicetta di lana.
– La taglia?
– No, la metto intera.

La posizione

Un signore cammina per la strada con la mano destra sul fianco e il gomito in fuori.

Due studenti di medicina lo notano in quella posizione e incominciano a seguirlo discutendo su quale potrebbe essere la causa: forse sarà stato un incidente, l'artrosi o un'ingessatura. Quando arrivano in piazza non resistono alla curiosità. Gli si avvicinano e gli chiedono il motivo per cui ha il braccio così bloccato.

Il signore si guarda il gomito ed esclama:
– Accidenti! Mi hanno rubato l'anguria!

Tiro con l'arco

– Una volta, lanciando la freccia a più di settanta metri, ho preso una medaglia!
– Caspita, che mira!

I pompieri

– Come? Questa mattina la tua casa è stata divorata dalle fiamme? Hai chiamato i vigili del fuoco?
– Certo. Ho telefonato subito ai pompieri.
– Ai pomp-ieri? Sciocco! Dovevi chiamare i pomp-oggi!

Il taglialegna
– Vorrei un paio di calzoni – chiede il taglialegna al commesso di un negozio di abbigliamento.
– Che taglia?
– La legna!

A rate o arate?
Un contadino entra in un negozio:
– Vorrei una lavatrice.
– A rate?
– No, abbiamo già arato il mese scorso!

Anelli
– Quanto costa questo anello? – domanda un signore al gioielliere.
– Un milione.
– Accidenti! – esclama l'uomo. – E quest'altro?
– Due accidenti!

W IL FAR WEST!

Lo sceriffo poltrone

Nel saloon di un paesino del Far West entra trafelato un cow-boy.

– Presto, sceriffo – ansima rivolto al rappresentante della legge – venite anche voi! Tre individui stanno picchiando Joe Smith.

– Be' – risponde placidamente lo sceriffo – se sono già in tre mi pare che bastino!

Chi ha dipinto il mio cavallo?

Un bandito esce dal saloon e trova il cavallo dipinto di verde.

Rientra arrabbiatissimo nel locale e, pistola alla mano, si rivolge ai presenti.

– Chi ha dipinto il mio cavallo?

Si alza un cowboy, alto come una montagna, con due pistole spianate:

– Io, perché?

E l'altro tutto intimorito:

– Se vuole dare la seconda mano, la prima è già asciutta!

L'idraulico

Una signora telefona all'idraulico:
– Venga, presto! Il mio rubinetto perde!
E l'idraulico pronto: – E chi vince?

Prudenza

– Qualcuno ha perso qualche cosa?
– Sì, a quel signore è caduta una sterlina: lui la cerca e gli altri lo aiutano.
– E tu, perché te ne stai lì impalato?
– Perché se muovo il piede, la ritrovano subito!

Un inutile spreco

Ester chiede a un amico:
– Fammi un esempio di inutile spreco.
– Raccontare a un calvo una storia che faccia rizzare i capelli!

Il debitore

Un idraulico deciso a farsi pagare da un debitore lo va a trovare e lo scopre intento a mangiarsi un enorme tacchino.
– Ma bravo! – urla l'idraulico – dice sempre di non aver denaro e si permette di mangiare un tacchino!
– Ci sono costretto: – dice sommessamente l'altro – non potevo più mantenerlo!

Spiritosi!

Una mongolfiera viene trascinata da venti impetuosi e turbolenti fuori rotta.
Quando finalmente la tempesta si calma, il pallone comincia a discendere verso un prato verdeggiante, dove un contadino è intento a tagliare l'erba.
– Signore! Ehi, laggiù! – gli grida l'aeronauta. – Potrebbe dirmi dove mi trovo?
– Su un pallone!

Ufficio abbonati

Michele si presenta alla sede della rivista "Topolino" e chiede: – Che cosa regalate agli abbonati di un anno?
– Un biberon, signore!

A teatro

Durante l'intervallo la maschera della platea si accorge che sulla poltrona centrale sta seduto uno spettatore, che non aveva accompagnato all'inizio dello spettacolo.

È stravolto, spettinato, la giacca strappata, la cravatta fuori posto e si accarezza la fronte arrossata.

La maschera gli si avvicina e gli chiede:
– Scusi: ha il biglietto?
– Certo, eccolo.
– Ma il suo è un biglietto per la galleria!
– Perché? Non si vede che sono caduto?

Ritrovamento

– Qualcuno ha perduto un fascio di banconote legate con un elastico? – chiede l'autista.

– Io! Io! – risponde una voce.

– Bene! È stato ritrovato l'elastico!

Bene, allora è ass... ceso!

Un giovane in cerca di lavoro si presenta al padrone della ditta: – Sono venuto per quel posto di aiuto elettricista…

– È esperto di elettricità?

– Sì, abbastanza, ho preso la scossa molte volte!

Il commesso porta male... anzi malissimo!

Un commesso cerca disperatamente di vendere uno dei suoi estintori.

– Le assicuro – afferma – che questo tipo di estintore è veramente eccezionale. La durata è eterna e lei se ne potrebbe servire anche fra cento anni!

– Fra cento anni – ribatte Giulio – io sarò morto…

– Già, e se per caso fosse all'inferno?

Tirchio anche...

– Per favore, vorrei un francobollo da trenta centesimi – chiede Luca al tabaccaio.

E aggiunge: – Potrebbe cancellare il prezzo? Sa, è un regalo...

Le istruzioni per l'uso non c'erano?

Un tale, arrabbiatissimo, entra dal parrucchiere e grida: – Le restituisco i due flaconi della lozione contro la caduta dei capelli che mi ha venduto. Guardi il risultato: ora sono più pelato di prima!

Il parrucchiere, molto imbarazzato, cerca comunque di rimediare alla brutta situazione: – È molto strano signore, di solito la lozione è efficacissima. Provi ancora un altro flacone!

– Va bene. Ne bevo ancora uno, ma si ricordi che è l'ultimo...

Il lavoro del 2000

– Se mi dai cinque euro, ti insegno un modo infallibile per far quattrini!

– Davvero? Eccoti i cinque euro.

– Ecco. Adesso tu vai da un altro e gli dici: "Se mi dai cinque euro, ti insegno..."

Indaffarato

Il capufficio, indaffaratissimo chiede alla segretaria: – Signorina, per caso ha visto dove ho messo la matita?
– Ce l'ha dietro l'orecchio!
– Via, non mi faccia perdere tempo. Dietro quale?

I trucchi del mestiere

Un impiegato si confida con l'amico:
– Sapessi com'è severo il mio capufficio!
– Davvero?
– Altroché! Pensa che ieri ha urlato: "Senta, ragioniere, che lei dorma in ufficio lo posso anche sopportare. Ma che per dormire si metta in pigiama, questo no!".

L'invito

Una signora invita l'amica a prendere il tè: – Abito in un villino, al numero 10 di via dei Gelsi. Per aprire il cancello basta spingerlo con il ginocchio, puoi premere il campanello di casa con il gomito.
– Non capisco perché devo usare gomito e ginocchio.
La signora: – Immagino che non verrai a mani vuote!

Le scarpe

– Vorrei un paio di scarpe numero 47 – chiede un signore in un negozio di calzature.

– Subito – risponde il commesso e gliele porta.

– Mi sembrano un po' piccole – afferma il cliente, dopo averle provate. – Mi porti il numero successivo.

– Spiacente, signore, ma dopo il numero 47 vendiamo solo valigie!

Paesaggio

Due contadini osservano un pittore intento a dipingere un paesaggio campestre.

– È lì da tre giorni – esclama il primo. – Mi fa una pena, ma una pena…

– E perché?

– Perché dev'essere molto povero. Se avesse avuto i denari per una macchina fotografica, avrebbe fatto tutto in un solo secondo!

Rapina

In una banca, dotata dei più moderni sistemi antifurto, entra un rapinatore che allunga al cassiere un biglietto con questa frase: "Consegnami tutto il denaro che hai in cassa e cerca di non fare sciocchezze".

L'impiegato gli consegna a sua volta un biglietto dove ha scritto: "Sistemati un po' i capelli e sorridi, cretino: ci sono almeno cinque telecamere che ti stanno riprendendo".

Il tacchino

Due poveracci si incontrano.

– È da ieri che non mangio. Tu non hai fame?

– No, ho mangiato un tacchino.

– Un tacchino?! E dove l'hai preso?

– ... sotto una scarpina.

Al giornale

Un signore, furibondo, entra urlando nella redazione di un quotidiano e grida:
– Bello scherzo mi avete combinato. Negli annunci funebri di stamattina mi avete dato per morto. Esigo una rettifica immediata!
– Si calmi signore, – dice il capocronaca – ormai il giornale è stampato e per oggi non c'è nulla da fare.
– E allora?
– Le assicuro che domani mattina includeremo il suo nome nella lista delle nascite!

Merletto

Adriana entra in una merceria.
– Vorrei un merletto!
– Merletti non ne ho, signora, le va bene un… passerotto?

Al museo

Ore ventitré. Squilla il telefono nella casa del custode del museo d'arte.

– Scusi, per favore a che ora aprono il museo domattina?

– Alle nove.

– Grazie.

Ore tre. Seconda telefonata.

– Scusi, per favore a che ora inizia l'ingresso al museo?

– Non prima delle nove.

– Grazie.

Ore cinque.

– Scusi, per favore, da che ora apre il museo al pubblico?

– Insomma, alle nove!!! Alle nove potrete entrare!

– Scusi, signor custode, non voglio entrare ma dovrei uscire perché ieri sera sono rimasto chiuso dentro!

Tra nuvole...

Due nuvole si scontrano in cielo e cominciano a litigare.

– Insomma! Hai voltato improvvisamente a sinistra! – dice una.

– Non è vero! – ribatte l'altra. – Prima ho... lampeggiato!

Alla porta

La signora Enrica apre la porta.

– Buongiorno signora, sono un venditore a domicilio. Le occorrono spazzole?

– Ne ho già.

– Calze?

– Anche quelle.

– Stringhe?

– Ne ho un cassetto pieno.

– Cerotti?

– Ne ho di ogni tipo.

– Be', allora deve acquistare per forza questa candela!

– E perché?

– Per accenderla al suo santo protettore che non le fa mancare nulla!

Furbetto

Un signore ritorna al negozio dove ha fatto acquisti: – Scusate, – dice al negoziante – stamattina vi ho dato un biglietto da cinquanta euro, ma vi siete sbagliato nel darmi il resto.

– Mi spiace signore! Dovevate dirlo subito, ora è troppo tardi!

– Me ne sono accorto solo ora. Comunque per me va bene: ero venuto per restituirvi i cinque euro in più che mi avevate dato!

Convinto lui!

– È veramente triste diventare vecchi! – confida la moglie al marito.

– È vero, tuttavia è l'unico modo per vivere a lungo!

Benone

A un congresso internazionale, il presidente chiede al microfono: – C'è qualcuno dei presenti che parla perfettamente l'italiano? Ripeto, perfettamente…

– Me! – risponde una voce.

Gare di tuffo in piscina

Tre giovani atleti si preparano per lanciarsi dal trampolino.

Si tuffa il primo. Tutti gli sguardi seguono le sue evoluzioni e la sua entrata in acqua viene salutata con un grande applauso.

Anche il secondo si tuffa.

Esibizione spettacolare! Meravigliosa prova, salutata da frenetici applausi.

Ma un brivido corre tra gli spettatori.

Quando il secondo atleta riappare a galla è spaccato in due.

Dottori, funzionari, vigili del fuoco lo ripescano. Si sospendono le gare. Si prosciuga la piscina per trovare la causa dell'incidente.

E nel fondo viene trovato un cronometro che spacca il secondo!

Informazioni

– Scusi, dove lo prendo l'autobus per il mare?
– Se non si sposta, lo prende nella schiena, signora!

Sicurezza

– Sa usare la macchina per scrivere?
– Io so usare tutte le macchine. Basta che mi indichi dov'è il freno e dov'è l'acceleratore!

Cine

Al cinema uno spettatore si avvicina alla maschera e le bisbiglia in un orecchio:
– Scusi, dove sono i servizi?
– Dall'altra parte – risponde l'inserviente.
Il signore si accosta all'altro orecchio e bisbiglia: – Scusi, dove sono i servizi?

L'orologio

Paolo, vedendo un signore che sta osservando il proprio orologio da più di un'ora, incuriosito gli chiede:
– Che sta guardando con tanta insistenza?
– Sa, me lo hanno regalato e mi hanno detto che ci si può fare il bagno, ma io non riesco a trovare i rubinetti!

Vigile

Un vigile si avvicina ad un tale che, con un piccone sta scavando una grossa buca nei pressi di una torre con l'orologio e gli chiede:
– Ma che diavolo sta facendo? Non mi pare che ci siano lavori in corso in questa zona…
– Lo so, ma mi hanno dato un appuntamento per le dieci… sotto l'orologio!

L'anima... del commercio

Un poveretto ferma un ricco signore.
– Me le darebbe mille lire per un panino?
– Dipende – risponde il ricco. – Fa un po' vedere il panino!

Per una tazzina...

La signora Elide entra in un negozio di casalinghi.
– Vorrei alcune tazzine da caffè – chiede alla commessa. La ragazza apre scatole, scatoloni, involti e presenta un'infinità di modelli esponendoli tutti con il manico dalla stessa parte.

La signora guarda, osserva, misura, ma scuote sempre il capo.
– Non vanno bene? – domanda la commessa.
– No! Per me, che sono mancina, non vanno bene! Hanno tutte il manico a destra!

Cosa aspettate!
– Parlo con la lavanderia Brutti e Bertelli?
– No, risponde il condominio Edelweiss.
– Ma voi non lavate la biancheria?
– No!
– Sporcaccioni!

Che sorpresa!
Sull'autobus un signore dà una gran botta sulla spalla a un passeggero.
– Ciao, Giovanni. Ma sai che quasi non ti riconoscevo? Sei calato almeno dieci chili, ti sei fatto crescere i baffi e…
– Guardi che io non mi chiamo Giovanni, mi chiamo Alberto.
– Oh! Questa è bella, hai cambiato anche nome!

Cambio nome
Un giovane pellerossa va all'ufficio anagrafe perché vuole cambiare nome.
– Come vi chiamate?
– Grande cavallo di ferro che sbuffa e corre su lunga strada ferrata distesa su immensa prateria.
– Come vorreste chiamarvi?
– Treno!

HIC!

Cena in giardino

Un uomo piuttosto arrogante e spesso ubriaco torna una sera a casa e non trovando la cena pronta, prende alcuni piatti dalla tavola apparecchiata e li butta dalla finestra. La moglie lo osserva e, senza dire una parola, prende bicchieri, posate e tovaglia e li getta dalla stessa finestra.

L'uomo ritrova un po' di ragione e urla:
– Sei impazzita?
– Ah! Credevo che volessi cenare in giardino! – risponde la moglie.

Suona il telefono...

Un ubriacone cammina lamentandosi per le orecchie fortemente ustionate. Un amico lo incontra e gli chiede che cosa è successo.
– Mia moglie ha lasciato il ferro da stiro rovente accanto al telefono prima di uscire – risponde l'ubriaco – e quando ho sentito squillare il telefono, per sbaglio ho sollevato il ferro anziché la cornetta.
– Sì, ma l'altro orecchio?
– Quell'antipatico ha telefonato di nuovo!

È guasto!!!

Ennio è decisamente brillo.

Esce da una cabina telefonica e si rivolge alla signora che sta per entrarci:

– Lasci perdere e salga a piedi, quest'ascensore è sempre guasto.

Bevi di meno!

Un ubriaco esce da una bettola e sbatte contro un albero.

– Mi scusi, signore, non l'ho fatto apposta! – mormora educatamente.

Dopo pochi passi va a sbattere contro un altro albero.

– Mi scusi, signore, non l'avevo vista! – balbetta confuso. Fatti ancora pochi passi, sbatte contro un terzo albero.

– Accidenti – mormora – sarà meglio attendere che passi tutto il corteo!

Che educazione!
– Signora, vuol dire a suo figlio che la smetta di imitarmi?
– Erik, non fare lo scemo!

A pesca
Gino, canna in spalla, arriva al laghetto, ma incontra una guardia:
– Si può pescare? – chiede.
– Certo che si può.
– E se catturo un pesce non è un reato?
– No, signore, è un miracolo!

Trappole per topi
Un contadino, terminati gli acquisti in città, ricorda all'ultimo momento che avrebbe dovuto acquistare una trappola per topi. Entra di corsa in un negozio e chiede:
– Mi dia una buona trappola, per favore, ma presto, perché vorrei prendere il treno delle 18,15.
Il commesso gli risponde:
– Mi dispiace, ma non ne abbiamo di così grandi!

Al telefono

– Pronto? Con chi parlo?
– Calzoleria Scarpetti!
– Oh scusi, ho sbagliato numero.
– Non si preoccupi, venga pure e le cambieremo il paio di scarpe.

Furbo!

– Sono molto bravo. Mi stupisco di me stesso.
– Perché, che cosa hai fatto?
– Pensa, ho ricomposto un intero puzzle in una sola giornata!
– E allora, dove sta la bravura?
– Sulla scatola c'era scritto dai tre ai sei anni!

Incidenti

Un signore anziano, mentre attraversa la strada, viene investito da una macchina e rimane a terra intontito. La gente accorre e qualcuno gli porge un bicchiere di acqua.

Il vecchietto prende il bicchiere, lo osserva e chiede con voce flebile: – Per avere un bicchiere di vino bisogna essere investiti da un camion?

Che investigatori!

Sherlock Holmes e il Dr. Watson vanno in campeggio. Dopo una buona cena e una bottiglia di vino, entrano in tenda e si mettono a dormire. Alcune ore dopo, Holmes si sveglia e, col gomito, sveglia il suo fedele amico:

– Watson, guarda il cielo e dimmi che cosa vedi.

Watson replica: – Vedo milioni di stelle.

– E ciò che cosa ti induce a pensare?

Watson pensa per qualche minuto.

– Dal punto di vista astronomico, ciò mi dice che ci sono milioni di galassie e, potenzialmente, miliardi di pianeti. Dal punto di vista astrologico, osservo che Saturno è nella costellazione del Leone. Dal punto di vista temporale, ne deduco che sono circa le tre e un quarto. Dal punto di vista teologico, posso vedere che Dio è potenza e noi siamo solo degli esseri piccoli ed insignificanti. Dal punto di vista meteorologico, presumo che domani sia una bella giornata... Invece tu che cosa ne deduci?

– Watson, che qualcuno si è fregato la tenda...

Ho visto...

... un binario morto che aspettava di essere sepolto.

... un contadino soffiarsi il naso nel suo fazzoletto di terra.

... un libro con l'indice fratturato.

Sul giornale
Ragazza stufa fugge di casa: i genitori muoiono di freddo.

Favolosa!
Cosa disse la mamma a Cappuccetto Rosso, prima che uscisse per andare dalla nonna?
– In bocca al lupo!

In velocità...
Le scale più lente? Quelle a chiocciola.

Lo strillone
Un venditore di giornali cammina per la via centrale della città urlando: – TRUFFA SENSAZIONALE!!!... Cinquantatré vittime!...

Un passante incuriosito si ferma, acquista una copia del giornale, lo legge velocemente ma non trova traccia della notizia annunciata.

Intanto lo strillone continua: – TRUFFA SENSAZIONALE!!!... Cinquantaquattro vittime!...

I coriandoli
– Papà, mi compri i coriandoli?
– Non se ne parla nemmeno! L'anno scorso li hai buttati tutti...

La memoria degli struzzi
– Mamma, è vero che gli struzzi nascondono la testa sotto la sabbia?
– Si, Carlo.
– Ma poi come fanno a ricordarsi dove l'hanno messa?

Sulle spalle altrui...
– E lei di che cosa vive?
– Io, degli sbagli degli altri.
– Ma non è onesto!
– E perché no?! Ho una fabbrica di gomme per cancellare!

Si invecchia!
– L'ultima volta che ti ho visto, ammaestravi le pulci, adesso fai il domatore di elefanti, come mai?
– Cosa vuoi… con l'età mi si è indebolita la vista!

In mezzo al mar
– Cosa ci fa una televisione in mezzo al mare???
– Va in onda!!!

Il tempo vola

Una cicogna porta, tenendolo col becco, un canestrino nel quale c'è un vecchietto. Durante il volo il vecchietto, visibilmente pensoso, guarda sotto e poi col bastone tocca gentilmente il sottogola della cicogna.
Il volatile gli chiede:
– Che c'è?
– Senti – dice il vecchietto – dimmi la verità: ci siamo persi, vero?

Il poliziotto acquatico
– Cosa ci fa un poliziotto in mezzo al mare??
– Fa le multe salate!!!!

Visite mediche
Cosa va a fare il sole all'ospedale?
Va a fare i raggi!

Zuki e Zaki
Zuki e Zaki vanno al mare con la mamma.
Zuki scava una buca e fa cadere dentro Zaki.
E la loro mamma dice: – Sùzuki, kawasaki che arriva l'honda!

Al bar
Una signora molto brutta va dal barista e domanda:
– Menta forte per favore!
Il barista subito risponde:
– Lei è bellissima!

Nessun dolore
Pierino va dal dentista che gli toglie un dente.
Poi torna a casa e la mamma gli chiede:
– Pierino ti fa male il dente?
E Pierino le risponde: – No, perché l'ho lasciato dal dentista!

Cure dimagranti
Come si capisce quando un marinaio ha fatto una cura dimagrante?
Basta guardare quando la balena tatuata sul petto è diventata una sardina!

La bontà divina e l'ombrello
Dio creò l'intelligenza e la sparse sulla terra tramite la pioggia… peccato che tu in quel momento avessi l'ombrello!!!

W la pulizia!

– Scusi, cameriere, fate il latte macchiato?
– Sta scherzando? Questo è un bar molto pulito!

All'autobus

Un turista alla fermata dell'autobus:
– Scusi, signora, passa di qui il 15?
La signora risponde:
– Controllo sull'agenda... No, il 15 non ci sarò, sarò fuori città!!!

Tra manager

Un manager chiama nel suo ufficio il ragionier Rossi:
– Senta – gli dice – ho qui un progetto molto importante. Per portarlo a termine ci vuole una persona intelligente, abile e preparata.
– Sì, signore – dice il ragionier Rossi gongolandosi tutto.
– Bene, mi vada a chiamare il ragionier Bianchi e gli dica di fare più in fretta che può!

Fra due palloncini:

– Attento al cactus!
– Cactus? Quale cactusssssssssssssssss…

Botta e risposta

cap. 12
Botta e risposta

Orgoglio di mamma
– Quello che scrive mio figlio lo legge tutta la città!
– Cosa fa, il giornalista?
– No, scrive sui muri!

La pagella
Una bambina rincasa da scuola con la pagella e dice alla mamma:
– Mamma la conosci l'ultima?
– No...
– Sono io!

Cos'è un otto?
Uno zero che ha stretto troppo la cintura!

Sulla porta dell'investigatore
"Si prega di lasciare le impronte sul campanello"

Logicamente
Perché l'aviatore è distratto?
Perché ha la testa… tra le nuvole!

Cosa ci fa un cammello in un budino?
Attraversa il dessert!

Qual è la perfetta colazione di un alpinista?
Pane, burrone e marmolada!

Cosa sono le zanzare?
Pulci… aviatrici!

Wroom!
Come si riconosce un motociclista contento? Dai moscerini sui denti!

Convenevoli da bar
Cosa si dicono un cucchiaino e una bustina di zucchero?
– Ci vediamo al solito caffè!

> Vendesi orologi per corrispondenza. Se vanno avanti, mandarli indietro.

Problemi di oggi
Cosa pensa un bruco che vede il prezzo delle mele al chilo?
"Però, come crescono al giorno d'oggi i prezzi delle case!"

Colazione
Cosa mangia Dracula a colazione?
I fiocchi da-vena!

A pesca
– Perché peschi sulla curva del fiume?
– Perché spero che qui i pesci rallentino!

Brrr!
Un'oca e un cane camminano per strada:
– Che freddo! – dice il cane. – Ho la pelle d'oca!
– Hai ragione – dice l'oca. – Fa un freddo cane!

Crash
Che cosa fa una cassiera con due automobiline?
Uno scontrino.

La colla
Un generale dell'esercito dice ai suoi uomini:
– Cosa fate con tutta questa colla?
– Attacchiamo i nemici.

Dal fruttivendolo
Un signore entra dal fruttivendolo e chiede:
– Un chilo di mele!
– Come le vuole? Gialle o rosse?
– Non importa, tanto le sbuccio!

Che bambina previdente!

La piccola Laura corre dal papà:
– Papà papà, ti hanno rubato l'auto!
– Hai visto chi era?
– No, però sono riuscita a prendere il numero di targa!

Monumenti

Che cosa ci fa un capello sulla testa di un calvo? Il monumento alla memoria!

Appuntamenti

– Mi raccomando, telefonami domattina!
– Non posso, non ho il telefono.
– Be', allora ti telefonerò io!

Tra pirati

– Capitano, abbiamo gli alisei contro!
– Li combatteremo!
– Ma sono venti!
– Non importa, fossero anche cinquecento!

Dopo il bagno
Che cosa fa una sardina in un accappatoio?
Si acciuga!

Dal dentista
Il dentista, dopo una visita, al paziente:
– Non si abbatta, stia su col molare!

Differenze
Che differenza c'è tra l'umorista e una dattilografa?
Nessuna, hanno entrambi la battuta pronta!

Il mondo

animale

Il mondo animale

Telefonata dallo zoo

– Pronto? Parlo con il meccanico del garage?
– In persona.
– Qui parla il custode dello zoo. Potrebbe venire subito al reparto pennuti? C'è un pavone con la ruota a terra!

Accuse

Un porcospino dice a un serpente:
– Smettila di darmi i calci, o mi arrabbio!
– Ma, ma… come faccio a darti io i calci, se non ho i piedi? – e se ne va risentito.

Uccellini

Una vecchia signora agitatissima entra nel negozio di un venditore di uccellini.

– Il canarino che mi ha venduto ieri nel pomeriggio – spiega con un nodo alla gola – è morto questa notte!

Il venditore, grattandosi pensosamente la punta del naso: – Strano, molto strano: da me non lo aveva mai fatto!

Il pappagallo scomparso...

La mamma va alla gabbia del pappagallo per dargli da mangiare ma trova la gabbia vuota.

– Gianna, che fine ha fatto il pappagallo? – chiede alla figlia.

E Gianna risponde: – Non lo so, mamma, ma prima ho sentito il gatto che parlava!

BAU BAU

Cane colto

Un signore va al cinema col suo cane. Ad un certo punto della proiezione il cane incomincia a ridere e il vicino di poltrona dice al padrone: – Incredibile! Il suo cane ride!

– Sono stupito anch'io. – dice il padrone – Il libro non gli era piaciuto!

Cani pigri

Due signori s'incontrano e uno dice all'altro: – Ho un cane talmente pigro che, se vuole andare a fare la sua passeggiata, invece del guinzaglio mi porta le chiavi della macchina!

Cani intelligentissimi
– Il mio cane? È un fenomeno! Figurati, gli dico: Fido, va' a prendermi il giornale e gli do 2 euro e lui mi porta il giornale e il resto!

– Che fortuna hai! Il mio invece, se non gli do i soldi contati va al cinema!

Fra cani
– Quell'uomo è intelligentissimo. Quando ti guarda, sembra che abbai…

Di sotto in su
– Ogni tanto il mio gatto si distende sulla schiena e fa "oaim".
– È naturale: fa "miao" alla rovescia!

Mezzi di trasporto!
Due pulci all'uscita del cinema:
– Torniamo a casa a piedi o prendiamo un cane?

Amore
Due millepiedi sono innamoratissimi l'uno dell'altra; quando escono e vanno a passeggio si prendono sottobraccio, sottobraccio, sottobraccio, sottobraccio, sottobraccio, sottobraccio, sottobraccio…

Asino sui binari
– Che ci fa un asino sui binari?
– Deraglia!

Bevuta in compagnia...

Lo scoiattolo e l'elefante si recano al bar.
– Io prendo un bicchierino di aranciata – dice lo scoiattolo.
– E io due litri di spremuta – dice l'elefante.
– Un momento...! – esclama lo scoiattolo un poco allarmato – E chi paga?

Caprioli

– Sai dove si nascondono i caprioli?
– Nella polenta!

Usanze da cerimonia

Due zanzare assistono a uno sposalizio e al termine della cerimonia una dice all'altra: – Andiamo anche noi a baciare la sposa?
– Non si può, non vedi che ha in testa una zanzariera?

Conigli russi!

– Cosa mangiano i conigli della steppa?
– L'insalata russa...

Lezioni di storia

All'università un'aula è stracolma di topi. Il professore, che insegna Storia romana, è molto miope e quindi non si accorge della cosa. Si siede in cattedra e inizia: – Come avrete visto dal programma, la lezione di oggi è dedicata al famosissimo episodio del ratto delle Sabine.

E un topo, in prima fila, al figlioletto: – Fai attenzione, ora parlano del nonno!

Galline preziose!

– Sai, – dice un contadino – ho una gallina che fa le uova d'oro!

– Meraviglioso! – risponde un altro contadino – Chissà come sei felice.

– Macché: le frittate sono immangiabili…

Animali lavoratori

La cicala alla formica operosa: – Oh, che pallida che sei, sembri sfinita.

La formica operosa: – Eh, lo puoi ben dire: ho lucidato le scarpe a un millepiedi!

Cozza solitaria

– Cosa fa una cozza, da sola, su uno scoglio in riva al mare?
– Il mitile ignoto!

Dialogo fra mucche

A un certo punto una dice all'altra:
– Muuuuuuuuu.
L'altra la guarda e dice: – Mi hai tolto le parole di bocca!

Aiuto, la mucca pazza!

Due mucche pascolano in un prato.
– Hai sentito di quella malattia che fa impazzire le mucche? – chiede una.
E l'altra: – E a me che importa? Io sono un aeroplano!

Problemi di peso

Un ippopotamo torna dal lavoro e dice alla moglie: – Cara, oggi sull'autobus è successo un incidente. Per errore mi sono seduto su una scimmia.

– Avrai chiesto scusa, spero – risponde l'ippopotama.

– No, ma domani manderò le condoglianze alla famiglia!

Due topi fuori dal teatro

– Andiamo a teatro?
– Ma… no.
– Perché no?
– Perché sono entrati solo quattro gatti!

Gatti furbi

Due gatti s'incontrano in campagna. Uno di loro è seduto davanti alla tana di un topo e l'altro annoiato lo guarda. Dopo una buona mezz'ora quello che guardava gli fa:
– Non lo prenderai mai, quello è furbo e non uscirà!
Allora l'altro gatto comincia ad abbaiare.
L'amico lo guarda perplesso e pensando che sia impazzito se ne va via. Ripassa dopo poco e vede il gatto con il topo in bocca, e gli fa: – Ma come hai fatto?
– Amico mio, al giorno d'oggi se non sai almeno due lingue muori di fame...

All'edicola

Un gatto corre velocemente verso l'edicola e affaticato chiede al giornalaio: – È uscito Topolino?

Il cane poliziotto

Un uomo porta a spasso il suo cane e sulla sua strada incontra un amico.
– Ti piace il mio cane? – chiede – È un cane poliziotto...
– Ma se è un barboncino! – dice l'amico.
– Sai, lavora per i servizi segreti...

Il canguro al bar

Un canguro entra in un bar e ordina un cappuccino. Mette il denaro sul bancone. Il barista prende i soldi e meravigliato chiede:
– Lo sa che lei è l'unico canguro a frequentare questo bar?
E il canguro risponde: – Per forza, con i prezzi che avete!

Annuncio pubblicitario

> Cavallo attualmente senza impegni cederebbe i suoi ferri a persone superstiziose.

Il millepiedi sudato

Una formica invita a cena una coccinella e un millepiedi.

La coccinella arriva puntuale. Il millepiedi invece arriva tutto sudato con tre ore di ritardo.

– Scusatemi, – dice mortificato – ma all'entrata c'è scritto: "Pulirsi i piedi prima d'entrare"...

Telefonata in negozio

– Pronto? Vorrei una sciarpa di lana per mia madre, ma una bella sciarpa lunga.

– Sì, quanto lunga?

– Una ventina di metri!

– Scusi ma chi parla?

– Io? Io sono la giraffa dello zoo.

Il cavallo meccanico

Un tizio con la sua auto è in giro per le colline. Sente il motore che balbetta un po', si ferma e guarda dentro al cofano: "Sarà la testata?" si chiede fra sé e sé.

A quel punto sente una voce alle sue spalle: – È lo spinterogeno!

Si gira sorpreso, ma non vede nessuno. Solo un cavallo pascola lì vicino. Si china nuovamente sul motore e continua ad osservarlo: "Sarà qualche fascia dei cilindri?" pensa.

Di nuovo la voce: – È lo spinterogeno!

Si rigira di scatto e capisce che è il cavallo che ha parlato! Allora si mette a correre a rotta di collo e, arrivato al primo bar del paese dice al barista: – Bisogna avvisare i giornali, la tv... una cosa incredibile! Mentre controllavo il motore della mia auto guasta ho sentito una voce che diceva: "È lo spinterogeno!". Mi sono girato e ho visto un animale che parlava!

Un vecchietto lì vicino gli chiede:
– Cos'era? Un cavallo?
– Sì, sì! Un cavallo!

E il vecchietto: – Con una stella bianca in fronte?

– Sì!... Sì! Proprio lui!!
E il vecchietto: – Lasci stare, quello lì non ne capisce niente di motori!

Lettera di un guardiano di uno zoo al suo direttore che si trova in ferie

Lo scimpanze' ci da' molte preoccupazioni: non mangia e sembra annoiarsi terribilmente. Secondo ogni apparenza, gli manca un compagno della sua specie: aspettando il vostro ritorno, che cosa dobbiamo fare?

Mucca di legno
– Che cosa fa una mucca di legno?
– Il latte compensato!

Sentirsi un po' così...
– Sapete cosa fa un pesciolino nell'acqua minerale? Lo squalo!
– Perché?
– Perché è gasato!

Pappagalli speciali!

Un uomo entra in un negozio di animali per comperare un pappagallo.

Il negoziante gliene fa vedere tre: uno giallo, uno rosso e uno blu.

– Quello giallo costa mille euro – dice il negoziante – perché sa fischiare tutta la nona sinfonia di Beethoven! Quello rosso costa duemila euro perché conosce tutta la Traviata. Quello blu invece costa tremila euro.

Il cliente: – ...chissà cosa sa fare quello blu che costa così tanto!

Il negoziante: – Non lo so, è arrivato solo questa mattina. Ma ho sentito che gli altri due lo chiamano Maestro!

Incontro sul marciapiede

Due cani s'incontrano e si salutano.

– Bau, bau – abbaia il primo.

– Miao, miao – risponde il secondo.

– Ma perché mi saluti in quel modo? – domanda il primo cane un po' sconcertato.

– Perché ho studiato le lingue!

Incroci genetici

Un contadino tutto contento dice a un amico: – Finalmente sono riuscito a incrociare una mucca con un cervo...

E l'amico, alquanto stupito, chiede: – Ma, a che cosa ti serve?

– Be', – risponde il contadino – così quando devo mungere, so dove appendere i secchi!

Puzzola innamorata

Il signor puzzola contentissimo, si appresta ad andare a un appuntamento con la signorina puzzola che rappresenta il sogno della sua vita. Dopo essersi agghindato al massimo delle sue possibilità, prende la macchina, e, cantando un allegro motivetto, finalmente giunge davanti alla tana del suo amore. Scende, suona il campanello, e dopo qualche secondo apre la porta la signorina puzzola. Dopo essersi ripreso dalla visione celestiale, il signor puzzola esordisce dicendo: – Che buon profumo che hai stasera, cara...

Tartarughe

Un gruppo di tartarughe parte per un pic nic e dopo due mesi raggiunge un bel prato. Mentre preparano per il pranzo, si accorgono di aver dimenticato l'apribottiglie.

Una di loro dice: – Non preoccupatevi, torno io a casa. Però voi dovete promettere di non cominciare a mangiare fino al mio ritorno.

Le altre tartarughe promettono e si siedono buone buone ad aspettare. Passano due mesi, poi quattro, poi sei, un anno... e la tartaruga non torna.

Le amiche, affamate, non ce la fanno più e decidono di cominciare a mangiare un pacchetto di patatine. Ma non appena stanno per aprirlo... salta fuori da dietro un albero la tartaruga che si era allontanata e dice: – Eh, no! Se fate così non vado a prendere l'apribottiglie!

PARLANO TRA LORO...

Tra calamari
– È vero che hai vinto al totocalcio?
– Sì, è vero, ma che non si seppia in giro!

Tra polipi
Martino, devi smetterla con la tua timidezza! Vai da lei e falle capire che la ami. Va bene?

D'accordo, Fabrizio... tentacolar non nuoce!

Tra cani
– Ti vedo un po' nervoso, come mai?
E l'altro: – Mi hanno messo una pulce in un orecchio!

Tra tori
– Be', come ti va la vita?
– Insomma, è un periodo di vacche magre!

Tra tarme
– Hai letto sul giornale? Hanno scavato un tunnel sotto la Manica.
– Che notizia inutile!
– Perché scusa?
– Io ne ho scavati a centinaia di tunnel sotto le maniche e nessuno però mi ha mai intervistato!

Vita nel mare

Un merluzzo va dallo psicanalista:
– Dottore, credo proprio che gli altri non mi comprendano.
– Perché ha questa impressione? – domanda il medico.
– Be' vede, mi prendono sempre per il nasello…

Grilli assonnati

– Cosa fanno i grilli prima di andare a letto?
– Spengono le lucciole!

Stagioni

– Povere bestiole le tarme!
– Perché?
– D'inverno fra i costumi da bagno e d'estate nelle pellicce…

Il problema della casa

Due lumache s'incontrano; una di esse è senza guscio.
– Dove hai lasciato la casa?
– Eh, purtroppo mi è scaduta l'ipoteca…

Nel deserto

Un crociato si è perso nel deserto e sviene perché sono giorni e giorni che non mangia e non beve. Arriva un leone, lo annusa e se ne va sospirando: – Che rabbia! Non ho l'apriscatole…

Prima del pasto!

Nella foresta, un missionario si trova improvvisamente di fronte un leone.

– Buon Dio, – prega il missionario – ispira a questa bestia sentimenti cristiani!

– Buon Dio, – pensa intanto il leone – benedici il mio pasto.

Ordinazioni al bar

Una iena entra in un bar e, rivolto al barista chiede: – Un caffè macchiato.

– Macchiato come, leopardato o ghepardato?

Costruzioni

Un gruppo di castori si ferma ad ammirare una diga.
– Che bella costruzione! Bravi però gli uomini – dice uno.
– Altro che i nostri ramoscelli… qui è puro cemento! – dice un altro.
– Già, – commenta il terzo – ma chissà quanto spendono di dentista dopo ogni lavoro!

In libreria

– Avete un libro sui gatti?
– Certo, signore. Ma in realtà le consiglio di non comprarlo.
– Ah… e come mai scusi?
– Perché è scritto da cani!

Per amore...

Un lombrico si fa tagliare in più pezzi per riuscire a ritrovare la fidanzata e ogni pezzetto si mette alla ricerca. Alla fine, dopo una lunga ricerca, la fidanzata viene trovata.
– Dove eri finita?! – esclama il lombrico – Mi sono fatto in quattro per trovarti!

Che finezza!

Una mosca sta gustando il suo sontuoso pasto a base di cacca di cavallo, quando una sua amica mosca gli si avvicina e gli dice:
– Posso raccontarti una barzelletta? – e lei risponde: – Basta che sia pulita perché sto mangiando!!!

Per riscaldarsi...

In una palude al nord, in una giornata freddissima, un airone infreddolito entra in un pub e chiede: – Un caffè corretto cicognac, grazie!

La legge della savana

Una gazzella è nata da poco tempo e la madre le spiega la legge dura della savana.

– Sai, ogni mattina noi gazzelle ci alziamo per scappare e il leone si alza per rincorrerci.

E la piccola gazzella: – Credo proprio mamma che dormirò molto!

Un nome in comune

Una signora si reca da una riparatrice di tappeti: – Il mio gatto ha la coda tutta spelacchiata. Lei può far qualcosa?

– Signora, non sono un veterinario. Qui aggiustiamo tappeti!

– Ma io le ho portato un persiano!

Silenzio in sala!

Un cavallo entra in un cinema, si dirige verso la bigliettaia e con fare disinvolto dice:

– Un biglietto per favore!

La cassiera gridando: – Mio Dio... un cavallo che parlaaa!!!

– Non si preoccupi... in sala sto' zitto!

All'attacco!

Un elefante che sta camminando nella foresta passa inavvertitamente sopra a un formicaio, e uccide migliaia di formiche. Le formiche per vendicarsi gli saltano tutte addosso. L'elefante sentendo solletico si scrolla e fa cadere tutte le formiche tranne una che gli rimane attaccata sul collo. Tutte le altre formiche vedendo l'intrepida formica sul collo gli urlano in coro: – Stròzzalo, stròzzalo, stròzzalo...

Penna, calamaio

matita e...

cap. 14
Penna, matita e... calamaio

Brevità di pensiero

La maestra dopo aver detto agli scolari di scrivere sul loro quaderno un pensierino sull'asino, legge quello di Sergio e rimane senza parole. Il pensierino è breve e conciso: "Asino chi legge".

Logica

Il maestro sta insegnando i misteri della sottrazione: – Non si possono certo togliere due orsi da cinque leoni – dice – né tre pesche da quattro pere...
– È vero, – dice un bambino – però si possono togliere due litri di latte da una mucca!

Esempio valido

La maestra chiede a una alunna: – Credi che l'acqua possa agire da veleno per l'organismo?
– Oh certo.
– Ah, e secondo te in quale caso, ad esempio?
– Be', in caso di annegamento!

Fatti datati

– Pierino, che cosa è accaduto nel 1807?
– È nato Garibaldi.
– Bravo, Pierino. E nel 1848 che cosa è successo?
– Nel 1848 Garibaldi ha compiuto quarantun anni.

Desiderio

– Bambini, come vorreste che fosse la vostra scuola? – chiede l'insegnante.
Rispondono in coro gli scolari: – Chiusa!

Compiti... a casa

– Perché continui a sbadigliare, Luigino?
– Signora maestra, perché da un po' di tempo devo sempre alzarmi a mezzanotte.
– Come mai?
– Per spegnere la televisione e svegliare la mamma e il papà!

In una scuola elementare

Un ispettore della Pubblica Istruzione vuole controllare se la scolaresca della seconda elementare sa leggere i numeri.

Chiede a un bambino:

– Dimmi un numero di due cifre.

L'alunno risponde: – 48.

L'ispettore scrive alla lavagna 84 e poi aspetta. Silenzio. I bambini, forse impauriti, non aprono bocca.

L'ispettore cancella 84 e dice:

– Ricominciamo. State attenti! Ditemi un altro numero.

Un altro bambino dice: – 59.

L'ispettore scrive 95. Nuovo silenzio. Tutti muti.

– Sentiamo! – esclama l'ispettore un po' irritato – Badate bene ragazzi! Per la terza volta: dite un numero tra dieci e cento!

Subito dal fondo della classe uno si alza in piedi, punta un dito minaccioso verso l'ispettore e grida: – 88! E adesso, vediamo come se la cava lei!

Briciole di saggezza!

Il piccolo Simone frequenta la scuola elementare.

La maestra chiede alla classe: – Due metà della stessa cosa, cosa fanno?

– Un intero! – rispondono tutti

– E se avessi sulle ginocchia un tovagliolo con un pasticcino sopra, lo tagliassi a metà dandone una parte a uno di voi e l'altra parte a un altro di voi, cosa mi resterebbe?

– Le briciole…! – risponde Simone.

Scolara precisa

– Stai attenta, Annuccia: in questa colonna devi scrivere con l'inchiostro rosso, in questa colonna con l'inchiostro blu e in questa con l'inchiostro verde.

– E le macchie con che inchiostro le devo fare?

Concetti difficili!

La professoressa sta tenendo una lezione di astronomia. Dopo aver spiegato che la Terra ruota intorno al Sole, domanda:
– Tutto chiaro?
– Solo un dubbio – alza la mano quello dell'ultimo banco: – Ma, di notte, la Terra intorno a cosa gira?

Nozioni fondamentali!

Il maestro: – Dimmi il nome di un grande campo di battaglia vicino a Milano.
Pierino: – San Siro!

Patriottismo

Nel cantone svizzero di Berna il professore chiede al piccolo Fritz: – Chi è stato il primo uomo?
– Guglielmo Tell! – risponde lo scolaro.
– Ma cosa dici! È stato Adamo.
– ... Se lei vuole tenere conto anche degli stranieri!

Per tutelarsi...

– Che voto hai preso oggi a scuola?
– Non te lo dico, il voto è segreto!

Studi e sacrifici

Il padre dice a Carletto, che non è proprio uno studente modello: – Su, Carletto, studia: lo studio non ha mai ucciso nessuno!

– Lo so, papà, ma non vorrei rischiare di essere proprio io la prima vittima!

Per fortuna...

Il papà dice al figlio: – Figliolo, i tuoi studi mi costano un'occhio della testa!

E il figlio: – Papà, ringrazia il cielo che io sono uno che studia poco!

Compito di matematica

Pierino dice alla maestra: – Non so perché mi ha dato zero nel compito di matematica: non credo di essermelo meritato!

– Hai ragione, Pierino – risponde la maestra – ma voti più bassi non esistono!

Compito in classe

Alla fine del compito in classe Pierino chiede ad un compagno: – Com'è andata?

– Male – risponde il compagno – ho consegnato il foglio in bianco!

– Accidenti – dice Pierino – anch'io! La maestra penserà che abbiamo copiato!

Che somari!!!

– Dimmi Pierino, se hai due mele in tasca e ne metti ancora tre, quante ne hai?
– Una tasca piena, signora maestra.

– Dimmi Pierino, che cos'è un cubo?
– Il cubo è un abitante di Cuba.

– Perché l'aria al mattino è fresca?
– Perché è rimasta fuori tutta la notte!

Fare attenzione a chi ti precede!

– Ieri ho assistito agli esami della mia scuola. Volevo sapere che tipo di domande fanno – racconta Ornella a Gisella.

– E com'è andata?

– Pensa, uno studente era così ignorante ma così ignorante… che hanno dovuto bocciare anche i tre studenti che venivano dopo di lui!

Bontà con ingiustizia

– Chi è buono – dice la maestra – finisce sempre per essere premiato.

– Non è vero. – afferma Luca – Ieri la nonna ha preso in braccio un pollo e poiché quello strillava la nonna gli ha detto "Stai buono, stai buono!". E appena è stato buono… gli ha tirato il collo!

Bastava uno spazio in più!

– Papà sai, oggi a scuola c'è mancato poco che prendessi un 10!
– Perché per poco?
– Perché lo ha preso il mio vicino di banco!

Grammatica

– Marco che cos'è ieri?
– Un avverbio, signora maestra!
– Ma che tipo di avverbio? Causale, temporale...
– NO, temporale no di certo: ieri c'era un sole che spaccava le pietre!

Novità

– Mamma sono felice perché domani avremo la scuola nuova.
– E perché sei tanto contento?
– Perché le nuove aule sono rotonde e la maestra non potrà più mettermi nell'angolo!

Interrogazione di scienze

– Chi sa dirmi due nomi di mammiferi volanti? – chiede l'insegnante.
– Io… io! – alza la mano Antonio. – Il pipistrello e la hostess!

Totale ammirazione

Un maestro parla degli esperimenti di Galvani sulla rana che provavano l'elettricità animale e ripete spesso: – Se non ci fosse stato Galvani… se non avessimo avuto Galvani… Galvani è stato un grande scienziato… Se non ci fosse stato Galvani…

Da un banco in fondo all'aula un alunno interrompe ad alta voce: – Sì, ma se non ci fosse stata la rana?

Per evitare bocciature...

Pierino è stato bocciato per l'ennesima volta.

– Per carità, professore, non posso tornare a casa ancora con un'altra bocciatura!
– Va bene… per questa volta, domani in via eccezionale ti rifaccio l'esame.
– Oh, grazie professore! Ma… dov'è via Eccezionale?

Problema... goloso!

Il maestro chiede: – Una mamma ha sei figli e nove mele. Vuole che ogni figlio abbia la stessa parte di mele: che cosa farà?

– Una torta di mele! – risponde Paolino.

La pagella

– Gigetto, ma oggi non dovevano consegnarti la pagella?
– Sì, papà, ma l'ho prestata a Paolo.
– E perché?
– Vuol far prendere un bello spavento a suo padre!

Esame difficile

Il candidato non sa rispondere, suda, si agita sulla sedia e finalmente mormora, con la voce singhiozzante: – Se non sono promosso mi getto nel Po.

E il professore, serenamente e comprensivo: – Tempo perso: le zucche vuote galleggiano…

Habitat

– Sai dirmi il nome di un animale caratteristico che vive sulle Alpi?
– Il leone!
– Ma il leone non vive sulle Alpi!
– Però se ci vivesse sarebbe caratteristico...

Quantità...

Il professore interroga Mario:
– Dimmi il nome di un rettile.
– Vipera – risponde pronto.
– Bene. Ora, il nome di un altro rettile.
– ... un'altra vipera.

Geni a confronto

– Io ho il bernoccolo per la matematica. – afferma sicuro Giovanni, che è il primo della classe.
– Risponde Marcello: – E io ho il bernoccolo per tutte le materie!
– Allora sei un piccolo genio – replica a malincuore Giovanni.
– No, ho solo mostrato la pagella a mio padre!

Ricordi scolastici!

– Alla fine dell'anno scolastico – dichiara l'arcigna professoressa – lascerò a qualcuno di voi un brutto ricordo!

E una voce dal fondo della classe: – La sua foto?

Assenza giustificata

– Pronto, parlo con il preside?
– Sì, sono io, chi parla?
– Volevo avvisarla che oggi Carletto non verrà a scuola.
– Mi spiace. Ma lei è un parente?
– Certo, sono il mio papà in persona, signor preside!

Lezione di botanica

– Chi sa dirmi perché il fiore sboccia sul punto più alto dello stelo?
– Ovvio, perché non gli piace stare vicino al concime!

Confini

– Pierino, dimmi – chiede il maestro – con che cosa confina l'Italia a nord-est?
– Con la dogana, signor maestro!

Queste sono soddisfazioni!

Ercolino torna a casa e tutto contento dice alla mamma: – Mamma, oggi a scuola solo io sono riuscito a rispondere a una domanda!
– Bravo! Così mi piaci Ercolino. E che domanda era?
– Chi è quel briccone che ha rovesciato la cattedra?

Interrogazione di geometria

La maestra chiede a Pierino:

– Mi sai dire perchè due rette parallele non si incontrano mai?

– Mah... non saprei, signora maestra – dice Pierino – forse non si sono mai date appuntamento!

Quando la risposta non è difficile!

– Pierino, fammi un esempio di tempo presente ma inserendo nella frase una negazione.

– Facile: io non sono preparato.

Stranez

ze...

e varietà

Stranezze e varietà

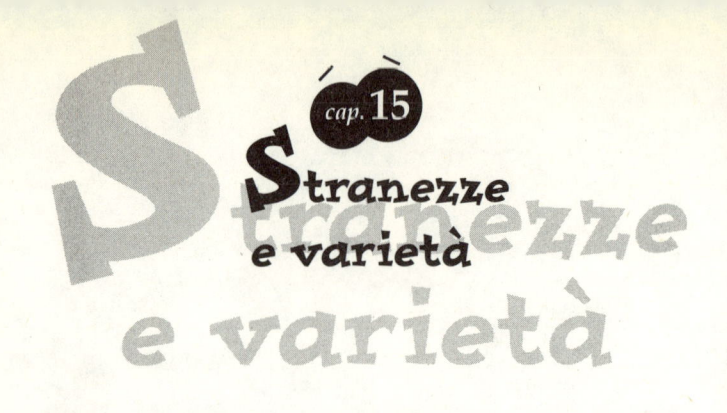

Ruoli invertiti

Un contadino passa davanti a un manicomio e si sente chiamare: – Ehi, cosa porti in quella carriola?
– Concime.
– E cosa ne fai?
– Lo metto sulle fragole.
– Ma sei matto! Noi, sulle fragole, mettiamo lo zucchero!

Personaggi importanti

Il direttore del manicomio chiede a un pazzo: – Tu chi sei?
– Sono il papa!
– E chi te lo ha detto?
– Dio!
In quel momento passa un vecchietto con una fluente barba bianca e, rivolto al direttore, dice: – Non è vero! Io non ho mai parlato con quel signore!

Idee luminose!

Nella camerata del manicomio c'è un tipo attaccato al soffitto.

Il direttore chiede all'infermiere: – Che cosa fa quell'uomo lassù?

– Crede di essere una lampadina…

– Fatelo scendere subito!

– D'accordo, – risponde l'infermiere – ma poi restiamo al buio…

Il testimone

– Eccolo, eccolo! Laggiù in fondo all'orizzonte!

– Che cosa?

– Non lo vedi quel disco luminoso che viaggia velocissimo?

– No

– … Adesso è scomparso. Era un disco volante, ne sono sicuro! Che fortuna che c'eri anche tu!

– Perché?

– Altrimenti potevo pensare di aver avuto un'allucinazione…

Villeggiante strano

– Sai, – racconta un tipo a un conoscente – sono stato in montagna, in campagna e al mare tutto in una volta!

– Come hai fatto? – chiede stupito il conoscente.

– Ho scalato un pagliaio in costume da bagno!

Curiosità...

Un pazzo, dal cancello del manicomio, chiede a un passante: – Scusi, ma lì dentro siete in molti?

Pulizie opportune...

Un mio amico abita in una casa così sporca, che quando esco dalla porta devo pulirmi i piedi sullo zerbino per non sporcare la strada!

Un passo alla volta!

– Sai andare a cavallo?

– Sì, ma solo sui cavalli bianchi.

– Come mai?

– Sugli altri non ho ancora provato...

Il tempo ha i suoi... tempi!

– Non capisco come funziona questo orologio: segna mezzogiorno e invece è mezzanotte...

– Si vede che è indietro di dodici ore!

Colori

Il lampione di una strada di città al semaforo: – Sai, oggi è il mio compleanno! Ehi... ma perché diventi rosso?

– Perché sono... al verde – risponde il semaforo – e non posso farti un regalo!

Invenzioni

Un giornale pubblica un articolo sull'invenzione fondamentale della cerniera lampo.

Nell'intervista all'inventore, il giornalista ha fatto questa domanda: "Come ha avuto l'idea?".

E la risposta: "In modo molto semplice: osservando due millepiedi abbracciati!"

Considerazioni fra sé

Un naufrago va alla deriva a cavallo di un contrabbasso.

Riflessione: – Ho fatto bene a non ascoltare mio padre quando voleva che suonassi il flauto!

Solo quando sarà il momento... giusto!

Nel giardino di un manicomio il medico di guardia vede alcuni pazzi che stanno appesi con le due braccia ai rami di un albero.

– Ma cosa state facendo! – grida.

– Siamo fichi – è la risposta.

– Va bene, ma ora cercate di scendere... – sollecita il medico.

– Non possiamo, – dichiara uno con tono deciso – non siamo ancora maturi...

Curiosi

Un gruppo di curiosi è riunito intorno a un tizio che da ore se ne sta con l'orecchio attaccato al marciapiede, come per ascoltare qualcosa. Uno di loro si china, ascolta per terra e gli dice: – Ma non si sente niente!
– Curioso vero? È così da stamattina!

Nello spazio

– Pronto? Base terrestre M14?… qui razzo P7, siamo sotto a una grossa nebulosa, stop!
– Base terrestre M14, ricevuto, anche qui piove, stop!

Per addolcire...

– Mi dia un chilo di zucchero a quadretti.
– Proprio a quadretti non ce l'ho!
– Non importa, me lo dia a righe…

Tecniche nuove!

– Ragioniere, le faccio notare che nel nostro ufficio molti impiegati non hanno la sedia.
– Lo so, lo so! È un nuovo modo per tenere… in piedi la ditta.

Facendo i conti

– Ho calcolato la somma e ora che devo fare?
– Lo storno
– Cip! Cip! Cip!
– Ma è impazzito?! Non è questo lo storno che intendevo io!
– Scusi, ha ragione: questo sembra più un passero.

Al manicomio

È notte. Squilla il campanello all'ingresso di un piccolo manicomio di provincia. Il custode, irritatissimo, si sporge dalla finestra:
– Chi è?
Un tale risponde dalla strada gesticolando: – Sono diventato pazzo e vorrei entrare...
– Entrare a quest'ora? – urla il custode – Ma è matto?!

Astuzie

Ci sono cacciatori capaci di catturare i conigli selvatici con le mani. Sapete come fanno? No? Be', si appiattano dietro cespuglio e fanno il verso della... carota!

All'osservatorio meteorologico

– Professore, il barometro è precipitato improvvisamente.
– Di quanto precisamente?
– Non saprei, comunque quando l'abbiamo raccolto dal pavimento era rotto...

Uomo d'azione

– Ieri sera alle 22 ho sfondato il muro del suono.
– Con un aereo?
– No, con un martello: era il muro del mio vicino che teneva la televisione a tutto volume!

Provare... per credere!

Titolo a caratteri cubitali sul giornale:
"Dice di essere un marziano e per provarlo salta dal dodicesimo piano.
Non lo era."

Certezze

Lo psichiatra chiede: – Ma lei, da quando si è convinto di essere un cane?
– Da quando ero cucciolo.

Al fuoco!

Conosco un pompiere che non brilla per intelligenza: durante un incendio si toglie gli occhiali per vedere tutto… sfuocato!

Fatti storici

In manicomio durante la Rivoluzione francese:
– Perché ogni volta che devi prendere la medicina, canti l'inno nazionale?
– Mi preparo alla presa della… Pastiglia!

Dallo psichiatra

Una signora va dallo psichiatra e dice:
– Dottore, ho un grave complesso d'inferiorità. Mi sembra sempre che nessuno si accorga di me.

E il dottore: – Avanti un altro!

A mali estremi... estremi rimedi!

Il capo sala di un ristorante dice al cameriere: – Mi sembra che quel signore là in fondo sia troppo rumoroso. Ride e parla così forte che disturba gli altri clienti e pare un matto!

Il cameriere – Sì, ho visto, ma cosa posso farci?

– Portagli il conto!

Mai scoraggiarsi!

I ladri svaligiano un negozio di abiti per uomo. Il proprietario, persona di spirito e attento agli affari, il giorno dopo espone un cartello con la scritta: "Anche i ladri preferiscono vestirsi qui!"

Allo zoo

– Ieri allo zoo ho visto una cosa stranissima.
– Davvero? E cosa hai visto?
– Ho visto che stavano sollevando un elefante con una gru...

Non perdersi d'animo

– Pensa, ho un amica così paziente che suona da dieci anni al conservatorio.
– Ma allora deve essere brava! Perché paziente?
– Perché non le hanno ancora aperto!

Che vergogna!

– Dunque signor Rossi, le è ancora capitato di girare per le strade senza vestiti ma con un paio di calzini, giusto? – chiede lo psichiatra.
– Già, purtroppo…
– E, come le altre volte, non ha provato imbarazzo?
– Questa volta sì: avevo un calzino bucato!

Sfumature di colore!

Un tizio entra in libreria.
– Cercavo dei gialli un po' intensi da regalare.
Il commesso: – Più avanti, sulla sinistra.
– Vicino allo scaffale?
– No, al colorificio!

Alla stazione

Un uomo triste è vicino a un binario e siccome è fermo lì da molto tempo, un controllore gli si avvicina e domanda:
– Cosa fa qui? Il binario è morto.
– Lo so, sono un parente!

Divinità

Sul Monte Olimpo, regno delle divinità greche, Zeus parla con Atena.
– Che fine ha fatto Mercurio? È tanto tempo che non lo vedo!
– Ha preso l'aspettativa: ora fa il prestigiatore.
– Davvero? Ed è bravo?
– Molto! L'ultima volta l'ho visto mentre si infilava tutto intero in un termometro!

Sotto lo stesso ombrello

Uno dice all'altro: – Questo ombrello è fantastico!

– Vero! – risponde l'altro – Siamo sotto in due e nessuno di noi si bagna!

Un passante che li ha sentiti: – Per forza... non piove!

Al ristorante

Al ristorante
– Cameriere, mi porti la minestra.
– È a metà cottura.
– E allora lei mi porti la metà già cotta!

Difetti

Una signora dice al marito: – Io non so da chi abbia preso tutti i suoi difetti nostro figlio!

– Da me certamente no! – dice il padre.

– Sì, è vero, tu li hai ancora tutti!

Fra amici

– Oggi mi sento la testa pesante!
– Sarà la tua memoria di ferro!

Il matto e la gallina

Un matto va dal medico e dice piagnucolando: – Dottore, la mia gallina a Pasqua non ha fatto le uova di cioccolato!

– È naturale! – risponde il medico.

– Naturale? E allora perché a Natale ha fatto il panettone?

Gaffe

Un signore accosta perplesso una persona ferma davanti al portone di casa e sussurra: – Mi scusi, ma secondo lei quello che si sta avvicinando è un uomo o una donna?

– Perbacco, ma è mio figlio!

– Accidenti, che gaffe! Proprio alla madre dovevo chiederlo!!!

– Ma io sono il padre!!!

Hobby

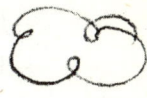

& sport

cap. 16 Hobby & sport

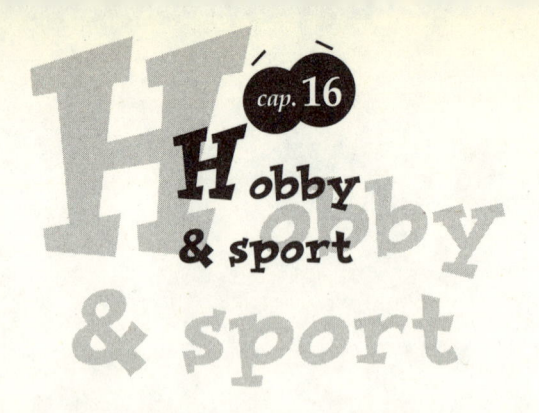

Il pescatore e colui che non se ne intende

– Domenica sono andato a pesca di trote.

– Quante ne hai prese? – chiede l'amico inesperto.

– Neanche una.

– … ma, allora come fai a sapere che erano trote?

Ultime novità invernali

– Prenda questo paio di sci, signore. Sono adattissimi per i principianti.

– Che cosa hanno di tanto speciale?

– Semplice, signore: con l'applicazione di due bastoncini trasversali, hanno il vantaggio di potersi trasformare in barella!

Fra amici

– Io dico, ma perché sei andato proprio là a pescare, se sapevi benissimo che in quel posto non c'erano pesci?!

– Certo che lo sapevo, ma almeno adesso posso dire che non ne ho presi perché non ce n'erano…

Musica elettrica!

– Ma quel chitarrista è un fenomeno: suona e si agita in maniera mai vista!

– Ti spiegherò: c'è un contatto nei fili e lui continua a ricevere scosse…

Calcio mercato

– Dove avete trovato i soldi per comperare quel giocatore?
– ... Abbiamo venduto l'arbitro!

Girone fortunato!

– Dove gioca l'Inter domenica?
– In casa.
– Beata lei, con questo freddo!

Allo stadio

Perché in curva si vede meglio?
Perché in curva i giocatori rallentano!

Passioni

– Devi essere proprio un appassionato dello sci e della montagna.
– Perché?
– E me lo chiedi? Ma se ci vai tutte le domeniche!
– Sì, ma io ci vado soltanto per spedire le cartoline...

Nuove tecniche...

Due bambine sono in riva al fiume e osservano il papà di una di loro che pesca.
– Certo però, Antonia, tuo papà è un'ora che pesca e ha tirato su solo scarpe!
– Ma... forse come esca usa dei calzini!

Giovane tifoso

Un monello trova steso ad asciugare in un giardino un lenzuolo e ci scrive con la vernice "Viva Milan!". La lavandaia, appena visto il disastro, comincia a rincorrere il ragazzo con il battipanni in mano e questi, mentre scappa: – Scusi signora, ma io non sapevo che lei tenesse l'Inter!

Sul ring

Un pugile le sta prendendo dal suo avversario. Ha sangue sugli occhi, non ci vede più, dà pugni nel vuoto.

Tra una ripresa e l'altra, chiede al proprio allenatore: – Pensi che ce la farò ancora?

– Certo… Se continui a muovere l'aria così, intorno a lui, si prenderà una bella broncopolmonite!

Caffè biliardo

Un tizio entra in un bar che porta la scritta CAFFÈ BILIARDO e dice:

– Vorrei un caffè e un biliardo.

E il barista risponde: – Scusi c'è un equivoco…

– Mi dia anche quello!

Il gioco delle carte

Una pera e una mela giocano a carte.

A un certo punto la mela si volta verso la pera ed esclama: – Pesca!

Pigrizia

Un pigro entra in libreria e chiede al commesso un libro che gli consenta di praticare il giardinaggio senza fatica.

– Le consiglio senz'altro questo: quando l'avrà letto potrà considerarsi a metà dell'opera.

– Sul serio? Allora ne prendo due copie!

Chi la spara più grossa?

Due amici, uno pescatore e uno cacciatore, quando si incontrano raccontano le rispettive avventure, sparandole sempre più grosse. Un giorno, stanchi della loro ipocrisia, decidono di dirsi per il futuro sempre e solo la verità. Tempo dopo si vedono e il pescatore racconta:

– Ieri sono stato a pescare e ho preso un'anguilla di 10 metri!

– Ma dai! – esclama incredulo l'altro.

– Eravamo d'accordo che nessuno avrebbe messo in dubbio i racconti dell'altro – risponde seccato il pescatore.

– E va bene, ci credo.

Ed è la volta del cacciatore di raccontare la sua avventura:

– Ieri sono stato sui monti e ho abbattuto un alce enorme, ma sono stato sorpreso dal guardiacaccia e quindi gli ho dovuto sparare.

– Ma cosa mi dici?

– Certo! Poi sono scappato in auto, ma mi ha fermato la polizia e allora sono stato costretto a sparare pure a loro.

– Ma va là, non può essere...

– E poi mi sono nascosto in un bar e sono stato circondato da una folla che mi voleva linciare; allora ho preso il fucile...

– E la miseria! Non mi vorrai far credere che...

E il cacciatore: – Senti... o accorci quell'anguilla o giuro che faccio una strage!

Auto

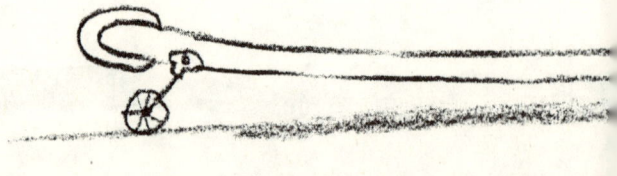

rità

Autorità!
cap. 17

Nuovi autisti...

Una pattuglia della polizia stradale ferma una macchina con un cane al posto di guida e un uomo seduto al suo fianco.

Un agente si avvicina e dice all'uomo:
– Bene! Adesso facciamo guidare i cani?!
E l'uomo:
– Veramente io ho chiesto solo un passaggio.

Marito sconsolato

– Commissario, ieri sera i suoi agenti si sono comportati con crudeltà: invece di arrestarmi per ubriachezza mi hanno portato a casa da mia moglie!

Vigile esperto

Un vigile ferma un automobilista e dice:
– Lei è in contravvenzione!
– Ma come… – risponde l'automobilista – se sto rispettando il limite di velocità e ho anche legato la cintura di sicurezza!
– Sì, – dice il vigile – ma il suo cane lì dietro non ha la rete di protezione!
– Ma… ma è un peluche…
E il vigile: – La razza non ha importanza!

Ubbidienza in ogni momento!

– Quando i carabinieri si mettono sull'attenti lavandosi i denti?
– Quando usano per dentifricio la Pasta del Capitano!

Frutti del mestiere!

In un campo, un contadino vede un pezzo di lamiera che spunta dal terreno. Si avvicina per controllare e scava scava trova una macchina della polizia con tre poliziotti a bordo.
– Oh mamma mia! Ma che fate qui?! – grida il contadino.
– Non si preoccupi. Stavamo inseguendo dei banditi e siamo stati… seminati!

Polli nuotatori!

Un barbone ruba un pollo per sfamarsi e va sulle rive del fiume a mangiarlo. Accende un fuocherello, tira il collo alla gallina e comincia a spennarla. All'improvviso arriva un vigile, e il barbone butta subito il pollo nell'acqua, ma il vigile che lo ha notato:
– Cosa ha buttato nell'acqua?
– Nell'acqua? Io? Niente, perché?
– E allora cosa sono tutte queste penne?
– Niente... c'era un pollo che si voleva fare un tuffo e mi ha detto se gli davo un'occhiata ai vestiti!

Distrazione

Un marinaio sommergibilista viene trasferito dai suoi superiori su un cacciatorpediniere.

Poiché è triste e avvilito, uno dei suoi nuovi commilitoni gentilmente gli domanda: – Non lo hai chiesto tu il trasferimento?

– No, mi hanno cacciato perché dormivo con la finestra aperta.

Comandi!

Un graduato ai soldati in adunata:

– Domenica prossima si sfilerà in parata. Se alla mattina piove, la sfilata sarà al pomeriggio. E se piove al pomeriggio, la faremo al mattino…

Vizi per ogni età

Un bambino, con una sigaretta in bocca, si avvicina a un vigile: – Scusi, ha da accendere?

– Ma come! Così piccolo… e già fumi?! – lo rimprovera il vigile.

– E lei allora? Così grande… e ancora con il fischietto in bocca!

Prepararsi all'arresto!

Durante il consueto giro di ronda, due carabinieri arrivano vicino a un'abitazione: si sente un forte odore di gas.

Visto il grave pericolo, il più anziano dei due carabinieri grida all'altro: – Presto! Al mio via entriamo ad arrestare la fuga di gas!

– Va bene, io intanto preparo le manette!

La denuncia

Una signora di una certa età è nella caserma dei carabinieri per fare una denuncia.

L'appuntato inizia a scrivere il verbale.

– Quanti anni ha?

La signora che vorrebbe non rispondere:

– Venti per gamba...

E il carabiniere: – Allora scrivo... quadrupede?

Perché i carabinieri...

... si mettono a ballare in prossimità dei parcheggi?

– Perché sono zone-disco!

Perché, ancora?

– Perché i carabinieri vanno in giro con le mollette?

– Perché le usano per stendere il verbale!

Buon cuore...

Un carabiniere va a fare la spesa. Al ritorno passa davanti alla chiesa e vede la cassetta per i poveri dove c'è scritto: "PANE PER I POVERI".

Avendo comprato dei panini vuole fare un atto di carità. Prende un panino e cerca di infilarlo nell'apertura della cassetta. In quel momento passa il maresciallo gli chiede cosa sta facendo, il carabiniere gli risponde:

– Voglio infilare del pane per i poveri!

Il maresciallo sconsolato gli risponde:

– Cretino! Non vedi che è l'apertura per i crackers?!?

Per un paio di scarpe...

Due carabinieri in licenza girano per i negozi e, in una vetrina di un negozio di calzature, vedono un paio di scarpe che costa 300 euro. Stupiti dal prezzo così esoso, chiedono alla commessa come mai costino così tanto, e lei risponde:

– Perché sono scarpe di coccodrillo.

Usciti dal negozio, uno dei due fa all'altro:

– Genna', pensa quanti soldi potremmo fare con le scarpe di coccodrillo! Andiamo in Africa a cacciare coccodrilli, così diventeremo ricchi!

– OK, Pasqua'!

I due partono per l'Africa armati di fucile e tutto il necessario per catturare i coccodrilli.

Arrivati in Africa si mettono la mattina presto l'uno su una sponda e l'altro sulla sponda opposta di un fiume e cominciano a sparare ai coccodrilli nell'acqua.

– Genna', quanti coccodrilli hai preso?
– Quattro, e tu Pasqua'?
– Io sei, dai continuiamo!
Arriva mezzogiorno:
– Genna', quanti ne hai presi?
– Ventiquattro, e tu?
– Io ventisette, dai, continuiamo!
Arriva l'imbrunire:
– Genna', quanti ne hai presi?
– Quarantadue, e tu?
– Io ne ho presi quarantacinque, dai, continuiamo!
Arriva sera:
– Genna', quanti ne hai presi?
– Sessantatre, e tu?
– Io ne ho presi settanta... Senti continuiamo, ma se nemmeno i prossimi hanno le scarpe, ce ne andiamo!

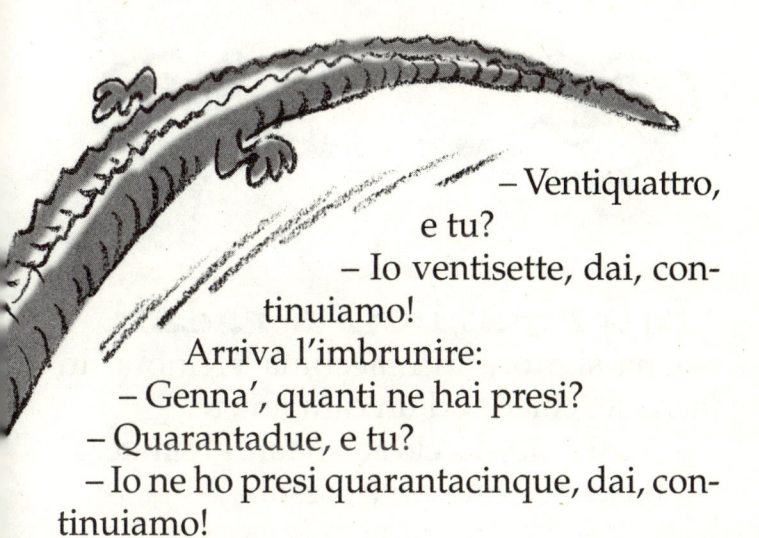

Identikit

Un matto è fuggito dall'istituto di cura e una guardia comunica i dati al suo superiore: – È piccolo, magro e pesa cento chili.

– E io cosa scrivo sull'identikit! Come fa a essere magro e a pesare cento chili!

– ... Non dimentichi: qui abbiamo a che fare con un pazzo!

Informazioni stradali

Una signora in macchina vicino a un incrocio, chiede ad un carabiniere:

– Scusi, come faccio ad andare al cimitero?
– Basta passare con il rosso!

Natale in mare

– Cosa mettono sul pandoro i marinai a Natale?
– Lo zucchero a vela!

In azione

Un fuggiasco scappa dentro a un capannone, allora il maresciallo ordina ai propri carabinieri:
– Bloccate tutte le uscite!
Poco dopo un carabiniere gli si avvicina dicendogli:
– È colpa vostra se è scappato!
Il maresciallo incavolato nero gli dice:
– Perché?
E il carabiniere gli risponde:
– Lei aveva ordinato di bloccare tutte le uscite ma il fuggiasco è scappato dall'entrata!

Paracadute!

Un paracadutista di leva sta per fare il suo primo lancio. Arrivato il suo turno quando si trova di fronte il vuoto ha dei seri dubbi. Allora il sergente: – Via soldato... cosa aspetti a buttarti?
– E se non funziona il paracadute?
– Non ti preoccupare... hai quello di riserva!
– E se non funziona nemmeno quello di riserva?
– Be'... non appena arrivi a terra te li fai cambiare!

Muove

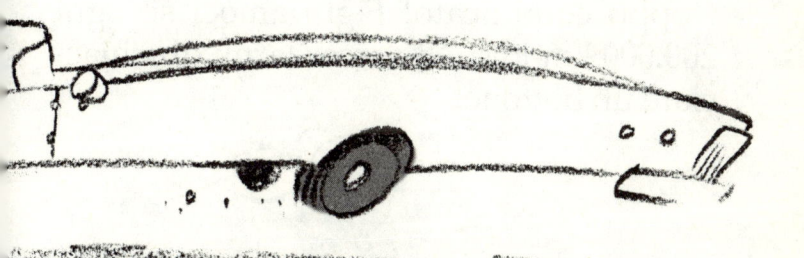

rsi,
muoversi!

cap. 18
Muoversi, muoversi!

Portenti della tecnologia!

Il venditore (tutto preso dal suo ruolo):
– Ecco, vede, in questo nuovo modello d'automobile il cambio dell'olio, l'ingrassaggio, le verifiche e le revisioni sono del tutto eliminate. Ogni 200.000 km basta schiacciare questo bottone e tutte queste operazioni si compiono da sole!

Il compratore (scettico): – ... Mi sembra troppo complicato! Figuriamoci se ogni 200.000 km io sto lì a ricordarmi di schiacciare un bottone!

Traffico stradale

– Come mai, ragioniere, questa mattina è arrivato in tempo in ufficio? Ha cambiato macchina?
– No, no, sono venuto a piedi.

Esame di guida

– A che cosa serve il tergicristallo sul parabrezza? – domanda l'istruttore di guida.
– Serve al vigile per metterli il biglietto della contravvenzione – risponde sicuro il candidato.

Il giro in auto

Antonio torna a casa e dice al papà:
– Papà, oggi ho guidato un'auto per la prima volta!
Il papà abbassa il giornale e lo guarda un po' stupito: – Davvero? – dice.
– Sì – risponde Antonio. – Vuoi che ti racconti com'è andata o preferisci leggerlo sui giornali di domani?

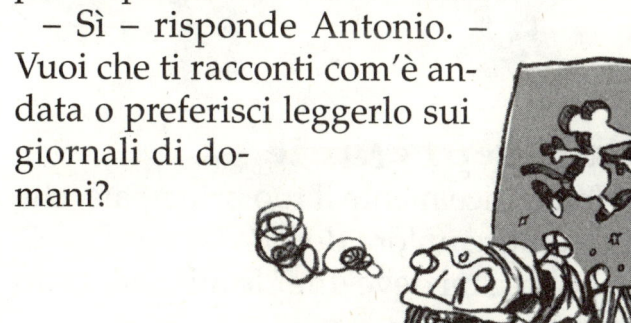

La certezza di sapere!

Un automobilista si perde e chiede a un passante: – Mi scusi, sa dirmi dove sono?

– Certo! – risponde questi. – Siete sulla vostra macchina!

Un varo sfortunato

Un amico racconta all'altro: – È stato un varo sfortunato. Tutto era andato bene fino al lancio della tradizionale bottiglia di spumante contro la chiglia della nave. Ma poi, quando la bottiglia ha urtato contro la nave...

– ... La bottiglia non si è rotta.

– Proprio così, invece della bottiglia si è rotta la nave!

Tra segretarie

– Non ti dice niente il tuo principale, che arrivi sempre un'ora dopo?

– Che cosa mi deve dire? Io alla sera vado via un'ora prima...

Dubbi: vado o non vado?

Il vigile: – Signora, cosa aspetta ad attraversare? Non ha visto sul semaforo l'omino?

– Sì, l'ho visto. Ma io aspettavo la donnina…

Per essere veloci...

Un tale entra tutto trafelato dal macellaio ed esclama: – Per favore, ho molta, moltissima fretta: mi dia due bistecche di cavallo… da corsa!

Principianti!

Un vigile sta distribuendo multe a destra e a manca. A un tratto si arresta stupefatto alla vista di una vettura che sta avanzando sul marciapiede. Subito intima l'alt.

– Lei! Si può sapere perché va sul marciapiede?!

– Lasci che le spieghi… È soltanto da stamattina che sono in possesso della patente… e non ho ancora preso confidenza con il traffico.

Traffico spaziale!

Durante una missione spaziale gli astronauti si accorgono di essere seguiti a brevissima distanza da un disco volante. Agitatissimi chiamano la base-terra: – Emergenza, emergenza, siamo inseguiti da un disco volante che continua a farci i fari con le sue luci abbaglianti! Che cosa facciamo?!

E dalla base: – Spostatevi! State occupando la corsia di sorpasso!

Incoerenza

Un tipo racconta: – Va a capire come bisogna comportarsi. Oggi a un incrocio stradale mi hanno dato la multa perché non camminavo sulla zebra.

– Ma è naturale! – risponde l'amico.

– Naturale? Ma se ieri allo zoo mi hanno invece dato la multa perché camminavo… sulla zebra!

Fra automobilisti

– Siamo senza olio!
– Allora siamo fritti.

In taxi

– Quanti salti fa questa macchina! La strada deve essere piena di buchi.
– Be', no... mi scusi, non è la strada che è piena di buchi, sono io che ho il singhiozzo!

Velocità... fai da te!

– Come potete sapere a che velocità viaggiate – domanda indignato l'agente della polizia stradale al conducente di un vecchio trabiccolo – se il contachilometri è rotto?
– Semplice. – risponde l'autista – Fino ai trenta all'ora, tremano i paraurti. Dai trenta ai quaranta, le portiere. Dai quaranta in su, il sottoscritto.

Sul giornale

Il traffico a Roma è talmente intenso che gli automobilisti fermi con le loro auto vedono con invidia sfrecciare i pedoni!

L'incidente

Un uomo viene investito da una macchina. Dolorante si rialza e grida all'autista:
– Ma non ci vede?!
E l'autista: – Come fa a dire che non ci vedo! L'ho centrata in pieno!

I primi passi

Due mamme orgogliosissime dei loro bimbi si confrontano.
– Da quanto tempo cammina il tuo figlioletto?
– Ormai da tre mesi!
– Caspita! Chissà dove è arrivato!

In cinquecento

– Come ci stanno 5 elefanti su una 500?
Difficilmente!

Trasporti... negati

– Sai perché l'elefante non può andare in bicicletta?
– Be', no... Perché?
– Perché non ha il pollice per suonare il campanello!

Controsensi!

Un automobilista sta ascoltando il giornale radio che viene interrotto per una comunicazione urgente: – Attenzione, attenzione... a tutti gli automobilisti... un pazzo ha imboccato l'autostrada del Sole contromano!

Appena ascoltato il messaggio, l'uomo esclama, schivando le macchine: – Per fortuna che doveva essere solo uno... qua saranno un centinaio!!

Ricordi di viaggio

Una ragazza mostra al nonno una propria foto scattata nella zona archeologica di Agrigento.

– Ci sono andata in auto – spiega la ragazza.

– Ah... allora capisco.

– Capisci che cosa, nonno?

– Le rovine!

Ferri da stiro

Una signora si reca a una stazione di servizio con l'automobile ridotta a fisarmonica.

Rivolgendosi all'addetto chiede: – Potete farci qualcosa?

Il garagista guarda la macchina perplesso e poi risponde: – Spiacente signora, qui le macchine le laviamo soltanto, non le stiriamo...

Telefonata all'aeroporto

Una signora: – Vorrei sapere quanto dura il volo Milano-Roma.
– Un istante – risponde l'addetto.
– Molte grazie – e la signora riattacca.

Precauzioni!

Una signora porta la macchina dall'elettrauto.
– Potrebbe montarmi un clacson potentissimo?
– Quello che vuole... Ma perché?
– Si sono rotti i freni!

Formaggi... mobili

– Ehi, guardi i vermi... qui, in questo formaggio!
– Sì sì, signore, non si preoccupi. – risponde il salumiere – Sono una caratteristica di questo formaggio.
– Lo so... ma si stanno movendo! Anzi... scappando!

Problema risolto!

Pierino va in giro in bicicletta con la ruota posteriore completamente a terra.

– Ma perché vai in giro così? – gli chiede l'amichetto Paolo.

– Perché il sellino è troppo alto!

Visione future

Nel 2500.

– Cara, dov'è tuo marito?

– È andato su Marte, tornerà fra mezz'ora.

– E tuo figlio? Vorrei salutarlo.

– Mi spiace, è andato in centro in macchina, tornerà fra tre o quattro ore…

Costi... variabili

Un tipo deve prendere per la prima volta in vita sua un taxi.
– Quanto costa? – s'informa dall'autista.
– Dipende dal tempo – risponde quello.
– Ho capito! E quindi visto che adesso è nuvoloso quanto verrebbe?

Primo volo

Prima del decollo, una hostess nota un passeggero molto pallido e teso. Si avvicina e gli chiede:
– Signore, si sente bene?
– Si... è solo che sono molto nervoso!
– Capisco, è la prima volta vero?
– No, no... sono stato nervoso molte altre volte!

Tra amici:

– Hai imparato a guidare?
– Si...
– E qual è stata la cosa più dura?
– Il lampione di fronte a casa mia!

Sul motorino
– Questa marmitta fa un rumore infernale!
– Come dici?
– Questa marmitta fa un rumore infernale!!
– Che cosa?
– Questa marmitta fa un rumore infernale!!!
– Non ti sento! C'è questa marmitta che fa un rumore infernale...

Che fretta
Ma quando parte 'sto pullman?
– Perché vai di fretta?
– No... ho il piede sotto la ruota!!!

Casi della vita
- Che cosa dicono due treni che si incontrano?
- Che coincidenza!

Sull'autobus:
- Questa è una rapina!
- Meno male, pensavo fosse il controllore...

La grave perdita

Un giovane yuppie, per festeggiare il suo primo milione guadagnato corre a comprarsi una grandiosa Porsche 911 Turbo. Appena uscito dal concessionario corre a provarla. Si precipita a 100, 150, 200 Km/h in autostrada, sicché a una curva perde il controllo ed esce fuori strada. Miracolosamente, viene sbalzato dall'abitacolo. Mentre riprende i sensi si accorge di avere una maschera ad ossigeno sul volto... è l'ambulanza che nel frattempo è arrivata sul posto. Appena può si alza e vede quello che resta della sua nuova Porsche in fiamme...

– Oh mio Dio la Porsche!!! Nooooo la mia Porscheeeeee!!!

L'infermiere per fargli notare che almeno è vivo gli fa: – Ma ti pare il modo di preoccuparsi per una macchina??? Non ti sei accorto che hai perso il braccio sinistro?

– Il braccio sinistro? Oddiooooo il Rolex!!!

Io, tu...

e noi

Io, tu... e noi

cap. 19

Fra bambini

– La mamma dice che quando sono nato pesavo cinque chili.
– Allora non ti ha portato la cicogna, ma una gru!

Primi confronti

Nei giardinetti pubblici, vicino a una panchina, ci sono due carrozzine affiancate. Dentro ci sono due neonati, uno dei quali chiede all'altro: – La tua balia quanti chilometri fa all'ora?

Ai grandi magazzini

– Perché piangi, bambino? Ti sei smarrito?
– Sì
– E perché non stai attaccato alla sottana della mamma?
– Perché la mamma porta i pantaloni!

Un'amicizia finita...

– Perché non giochi più con Pierino?
– È un ragazzo impossibile, non gli puoi dar niente che lui subito te lo restituisce!
– E tu che cosa gli avevi dato?
– Un pugno.

... e un'amicizia per sempre!

Tonino e Carletto sono due amici inseparabili.
– Tu cosa farai da grande? – chiede l'uno all'altro.
– La guardia! E tu?
– Io, allora, farò il ladro… così potremo continuare a giocare insieme!

Ciò che si merita!

Il padre: – Se ti punisco è perché ti voglio bene!

Il figlio: – Lo so, babbo, ma io non merito tanto affetto...

Autocritica
– Mangi pane solo?
– Eh, sì, il salame sono io!

Il pignolo
– ...Tu dovresti sentirlo a parlare inglese, e pensare che lo ha imparato ad orecchio!
– Quale orecchio, il destro o il sinistro?

Il pignolissimo
Un amico dice all'altro: – Ah, un tipo quello! Figurati che quando scrive la parola sporco, subito dopo va a lavarsi le mani...

Occhiali

– Giacomo, hai visto i miei occhiali di tartaruga?
– No papà.
– Uffi… chissà dove sono finiti.
– Non ti preoccupare, papà: se sono di tartaruga non sono certo andati tanto lontano!

Viaggiando s'impara!

– Sono stato in Grecia e ho notato che non tutti i Greci hanno il naso greco!
– Si vede che anche loro danno sempre maggiore sviluppo alle importazioni dall'estero!

Nell'aldilà

Un bambino chiede a sua mamma: – Mi piacerebbe sapere dove vanno i missionari dopo la loro morte…
– In Paradiso, naturalmente! – risponde la mamma.
– I leoni vanno anche loro in Paradiso?
– Non credo proprio.
– Ma allora dove vanno i missionari che sono stati mangiati dai leoni?

Il pullover

– Oreste, oseresti forse dire che il pullover che io ti ho confezionato con le mie mani e con grande fatica ha difetti?
– Ma no, Marisa. E chi lo ha detto?
– Ah, meno male. Mi sembra che tu avessi detto che è un po' troppo lungo.
– Io?! E chi ha mai detto una cosa simile, cara. Io ho detto soltanto che dovresti fare due piccoli buchi qui.
– Due buchi qui? E perché?
– Per farci passare i piedi.

Incidenti domestici

Due fratelli giocano in salotto a pallone. Dopo alcuni tiri rasoterra... op op: goal! Già, ma la porta è uno specchio!
– Oh, oh!... questi sono sette anni di guai! – dice uno.
– Accontentati dei primi cinque minuti: sta arrivando papà! – risponde l'altro.

Piove, piove!

La mamma dice a Pierino: – E così ti sei preso tutto l'acquazzone!
E Pierino: – No, mamma, tutto no, si bagnavano anche gli altri!

Un po' di chiarezza!

La mamma dice a Pierino: – Bravo, vedo che sei tornato a casa soddisfatto. Allora ti piace andare a scuola...
– Ti prego, mamma – dice Pierino – non confondere l'andata con il ritorno!!!

Spifferi

Un cliente entra in un ristorante e lascia la porta aperta. Un altro grida:
– Ehi, chiuda la porta! Fuori fa freddo!
– Scusi – risponde il primo – crede forse che se io chiudo la porta, fuori farà meno freddo?

Quando mancano gli strumenti...

Padre (persuasivo): – Su, Gigino, mangia la minestra.

Gigino: – No!

Padre (seccato): – Avanti, non fare storie, mangia!

Gigino: – No!

Padre (furibondo): – Gigino, mangia immediatamente la minestra.

Gigino: – No!

Padre (supplichevole): – Ma si può sapere perché non si riesce a farti mangiare la minestra?

Gigino: – Non ho il cucchiaio...

Turista a Londra

Un turista chiede a un ragazzino londinese: – Ma ogni tanto c'è il sole anche a Londra?

E il ragazzino: – Non saprei, signore, io ho solo undici anni...

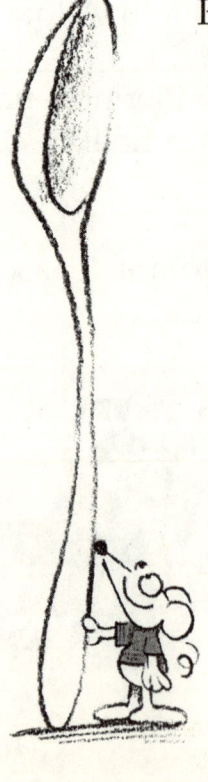

Dirigere... il tempo

Durante un concerto.
– Papà, che cosa fa quel signore vestito di nero con la bacchetta in mano?
– Segna il tempo Tommasino.
– Davvero? E che tempo farà domani?

L'età non conta!

Un signore cammina sul marciapiedi quando, vicino a un portone, vede un bambino che cerca disperatamente di suonare un campanello. Si avvicina e dice: – Aspetta, ti aiuto io. E suona.
– Grazie gentilissimo, adesso però deve scappare anche lei!

Regalo di Natale

La mamma aspetta un bambino e rivolta a Franchino dice: – Per Natale ti regalerò una sorellina, sei contento?

– Ma io avevo chiesto un trenino!

Altezze

Agenzia di collocamento.

– Noi abbiamo le migliori balie. Non ce n'è una che superi il metro e mezzo d'altezza.

– Che c'entra l'altezza? – chiede la signora.

– Perché così se cade il bambino non succede nulla di grave.

Forza impensabile!

Un bambino al padre: – Guarda papà, sono riuscito a strappare da solo questo ciuffo d'erba.

– Perbacco! Che forza, Simone!

– Puoi ben dirlo papà, se pensi che a tirare dall'altra parte c'era tutta la Terra!

Alla lettera!

– Dov'è la radio? – chiede la mamma.
– Là.
– Dove, là?
– Là nella stufa: non mi avevi detto di accenderla?

Sogni disturbati

Sul divano in soggiorno il papà schiaccia il suo pisolino pomeridiano quando si sente scuotere come un sacco di patate, si sveglia e vede il suo bambino.

– Perché Carletto? Che è successo? – chiede allarmato.
– Niente, papà. Solo che la mamma non vuole che io giochi quando tu dormi.

Gentilezze
In tram.
– Oh, scusi, le ho pestato il piede!
– Non fa niente, tanto ne ho un altro.

La troppa voglia...
Marcolino (4 anni e mezzo) dandosi già arie da padrone di casa, tormenta la mamma con vari "...voglio", "voglio...". La mamma con pazienza gli spiega che quando si vuole qualcosa, bisogna dire "per piacere".

Dopo poco Pierino e la mamma passano davanti a un'edicola. Il bimbo allora con voce squillante: – Mamma, comprami subito un giornaletto, se no, per piacere, faccio i capricci!

Gli effetti dell'acqua!
Paolino si lava mal volentieri e i suoi genitori sono spesso costretti a metterlo con la forza sotto la doccia.

Un giorno a scuola la maestra gli dice: – Paolino, come sei cresciuto!

– Per forza, mi innaffiano sempre!

Riflessioni sul passato

A Marta sono nati due fratellini gemelli. Avvicinatasi alla culla, che una volta era stata la sua, si ferma con aria pensierosa per due ore a fissare i due fratellini.

– A che cosa pensi? – lei domanda la mamma.

– Ma, anch'io ero doppia quando sono nata?

La certezza della pena

Una signora ha due figli gemelli assolutamente identici.

Un'amica le chiede: – Ma quando uno dei due commette una marachella, come fai ad essere certa di punire proprio il colpevole?

– Semplice, li mando a letto senza cena tutti e due, e l'indomani punisco esattamente chi è stato.

– Sì, ma come fai a saperlo?

– ... È quello che ha un occhio pesto!

Quale premio?

– Sai, ho un amico talmente complessato che ha vinto il premio destinato al più grande timido del mondo.

– Davvero? E il premio in che cosa consiste?

– Non lo sa neanche lui... è così timido che non ha il coraggio di andarlo a ritirare!

Favori

Al semaforo è ferma una signora con un cagnetto.

Giacomino, che è vicino, si rivolge a un altro signore, anche lui in attesa che il semaforo diventi verde, e gli chiede: – Signore, vuole essere così gentile da accarezzare questo cane?

– E perché vuoi che lo accarezzi? – risponde il signore.

– ...per vedere se morde!

Avarizia

Un avaro è ospite per un mese di un suo amico e per tutto il tempo si fa mantenere allegramente a sbafo. Il giorno della sua partenza, mentre attendono il treno, si reca con l'amico al bar della stazione.

Quando l'amico fa il gesto di pagare, l'avaro lo trattiene e dice: – Ah, no! L'ultimo brindisi è sacro. Per un mese ho vissuto alle tue spalle! Ora basta… questa volta tiriamo a sorte!

Dubbi

Parlando delle città e dei suoi abitanti il papà dice: – Carletto, gli abitanti di Bergamo sono i bergamaschi.

E Carletto chiede: – E non esistono le bergafemmine?

Fra boy-scout

– Che cosa faresti se un compagno inghiottisse la chiave di casa? – chiede il capogruppo durante la lezione di pronto soccorso.

– Entrerei dalla finestra – risponde l'interrogato.

Ricordi

Il piccolo Carletto sta sfogliando l'album fotografico di famiglia: – Mamma, chi è questo bel giovanotto vicino a te, moro e con i capelli ricci?

– È papà.

– Papà?... Ma allora chi è quel signore grasso e pelato che abita con noi?

Acute osservazioni

Luigi osserva attentamente da un po' di tempo il doppio mento della zia Giulia. A un tratto, il bambino domanda: – Zia Giulia, ma tu hai il mento di ricambio?

Bambino terribile

– La maestra mi ha detto che in classe costruisci gli aeroplani di carta e che poi li lanci in aria facendo un baccano terribile. È vero?

– Non è vero niente! Figurati mamma se sto lì a fare gli aeroplani! …erano missili con testata a petardo!

Incidente incredibile

Pierino torna a casa malconcio. La mamma gli chiede:
– Pierino ma cosa ti è successo?
– Oh! Una cosa che non ci credi se te la racconto.
– Dai dimmi!
– Be', ero tranquillo che mi guardavo attorno quando mi è venuta addosso una macchina.
– E ti ha ridotto così?
- Noo, dopo pochi secondi mi è venuta addosso una moto.
– Ed è stata lei a ridurti in queste condizioni?
– Macché, altri pochi secondi e mi è venuta addosso un'astronave!
– Ma và, mi stai prendendo in giro...
– No, ti assicuro che se non avessero fermato la giostra a quest'ora sarei morto!

Tra fratelli

– Guarda, Luca. Mi hanno tagliato i capelli, adesso non devo più pettinarmi.
– Bah! – gli ribatte il fratellino. – Adesso però dovrai lavarti il collo!

Il mistero della nascita

– Mamma, come sono nata io?
– Ti ha portato la cicogna, mia cara.
– Mamma, come sei nata tu?
– Be', la cicogna ha portato anche me.
– Mamma, come è nato papà?
– La cicogna ha portato anche lui, Francesca.
– Mamma, la cicogna ha portato anche il nonno e la nonna?
– Certo cara.
– Ma mamma, non abbiamo mai avuto nascite normali nella nostra famiglia?

Una questione d'età

Michele chiede alla sorella maggiore:
– Gisella, com'è andata la gita in campagna?
– Oh, tirava un vento che non ti dico.
– E perché non me lo dici? Non sono mica tanto piccolo.

TUTTI AL MARE, TUTTI AL MARE...

Scoperte in vacanza...

Scambio d'informazioni fra due bimbetti in spiaggia.

– Io so già leggere le ore.
– Davvero? Se mi dici come si fa, io ti dico da dove vengono i bambini.

Domande da spiaggia?

Sotto l'ombrellone, un signore chiede al bambino vicino: – Senti, se tu dovessi elencare gli undici uomini più grandi del mondo, chi citeresti?

Il ragazzino riflette un po', poi prende un foglio e inizia a scrivere. A un certo punto si ferma pensieroso.

E il signore: – Cos'è, sei incerto? Non sai quale filosofo scrivere? Sei incerto fra un musicista e un poeta? Fra uno scienziato e un politico?

– No, non riesco a decidermi sul centravanti!

Questione di carattere

– Mia figlia nuota sempre sott'acqua.
– Fa pesca subacquea?
– No, è tanto timida…

Penitenze

Un bimbo va a confessarsi:
– Ho rubato una tavoletta di cioccolato…

– Per penitenza reciterai due Padre Nostro – risponde il prete.

– Ma, se ne recito quattro… posso rubarne un'altra?

Risposta pronta!

Un ragazzo correndo in bicicletta cade in mezzo alla strada.

Una signora accorre premurosa e domanda: – Ti sei fatto male?

E lui, con disinvoltura: – No, no, tanto dovevo scendere!

Doveri filiali

Un padre rimprovera il figlio svogliato:
– Ugo, dovresti sapere che l'ozio è il padre dei vizi!
– Certo che lo so – risponde il ragazzo.
– E allora! Perché stai tutto il giorno senza far nulla! – reagisce il genitore.
– ... Perché ai padri bisogna portare rispetto!

In cartoleria

Un ragazzo entra in una cartoleria e chiede del cartoncino bianco.
– Lo vuoi molto spesso? – domanda il negoziante.
E il ragazzo: – No, solo per questa volta!

Ipotesi...

Durante una passeggiata ai giardini pubblici.

La mamma:
– Chissà perché quel pavone è sempre fermo...

Gigino:
– Deve essere per un guasto alla ruota!

Acquisti... su misura

Lola va da lattaio e chiede: – Mi dia un chilo di latte.

– Ma bambina cara, il latte non si pesa, si misura – la rimprovera sorridendo il commesso.

– Allora, me ne dia un metro!

Nuovi medici

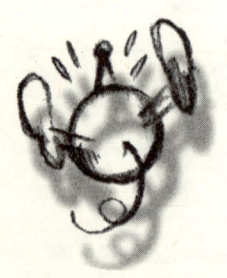

Fra conoscenti: – Pensa, una mia amica ha un figlio così vivace, ma così vivace che invece di portarlo dal pediatra lo porta dal... domatore!

Paragoni poco educati!

Un bambino va allo zoo con la mamma, guardando lo scimpanzé grida: – Mamma, mamma, quello scimpanzé è uguale allo zio Mario!

– Ma tesoro, non si fanno questi paragoni: è offensivo.

– E perché… lo scimpanzé mica capisce!

Piccolo piromane!

Un ragazzino torna a casa da scuola alle dieci del mattino.

La mamma preoccupata: – Ma cosa fai a casa a quest'ora?!

– Mi hanno sospeso – confessa il figlio.

– E perché?

– Perché il mio compagno di banco fumava.

– Lui fumava… e sospendono te?

– Be', sai… hanno scoperto che ero stato io a dargli fuoco…

Nonna... volante

La mamma deve dire a Carletto che la nonna è morta cadendo dal balcone.
– Sai, Carletto, la nonna è caduta dal balcone ed è volata in cielo.
Caspita... che rimbalzo!

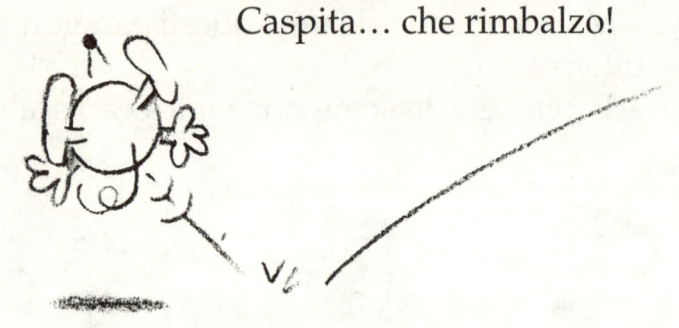

Fra genitori

– Nostro figlio è troppo furbo! Riesce sempre a trovare dove nascondo il cioccolato – dice la moglie.
– ... E tu nascondilo fra i libri di scuola! – suggerisce il marito.

Marito preoccupato

Notte fonda. Il marito si sveglia di colpo. Sua moglie sta dormendo profondamente. Lui la scuote e la sveglia.
– Ma Antonio! Che cosa vuoi a quest'ora!
– Ti sei ricordata di prendere il sonnifero?

Incrollabile logica!

7.30 di mattina, appena alzati.

– Mamma... oggi non ho proprio voglia di andare a scuola... tutti mi insultano, mi prendono in giro, mi dicono le parolacce...

– Su, su, lo sai che devi andarci: primo perché ci vanno tutti, secondo perché sei il PRESIDE!

Apprezzamenti... sentiti!

Finito il concerto, la mamma chiede alla figlia:

– Allora, Gisella, ti è piaciuto?
– Oh sì molto. Però potevano evitare tutti quegli applausi alla fine.
– Perché scusa?
– Perché mi hanno svegliato!

Giusto per sapere...

– Papà, ma le olive nere camminano?
– No...
– Allora mi sono mangiata uno scarafaggio!!!

La forza dell'aritmetica

– Insomma Simone chi conta di più in questa casa, tu o io???
– Non lo so babbo, io conto fino a mille e tu?

C'è sempre un inizio

La mamma rimprovera la figlia per aver detto una bugia: – Io da bambina non dicevo mai bugie!!!
– E a che età hai cominciato mamma?

Biologia

– Pierino, qual è l'animale che cresce più in fretta?
– Il pesce, signora maestra. Mio padre ieri ne ha pescato uno che cresce dieci centimetri ogni volta che ne parla!!!

Un metodo scientifico!

– Sai, mamma, – dice Pierino – oggi abbiamo imparato tante parole che non conoscevamo!
– Bravi, come avete fatto?
– Abbiamo messo delle puntine sulla sedia del maestro...

Esempi

– Pierino, fammi un esempio di verbo al presente e di uno all'imperfetto...
– Mio zio e mio cugino.
– Ma cosa stai dicendo?
– Sì... mio zio si chiama Guido e mio cugino Gustavo!

Incontri per strada

– Papà, papà, per la strada ho visto due matti!
– E come hai fatto a capire che erano matti?
– Be', uno gettava via dei biglietti da cento euro...
– E l'altro?
– Li raccoglieva e glieli restituiva.

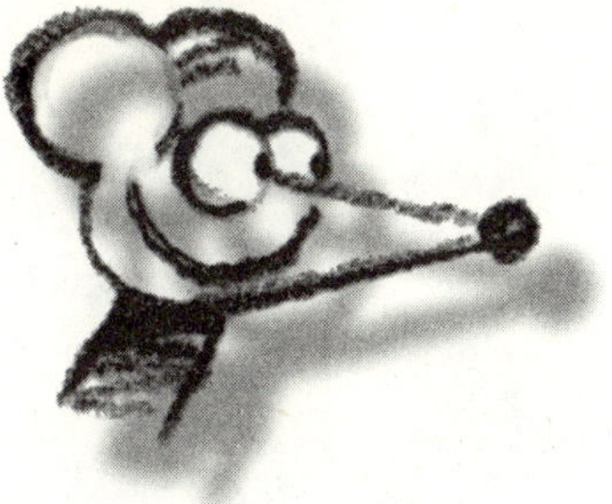
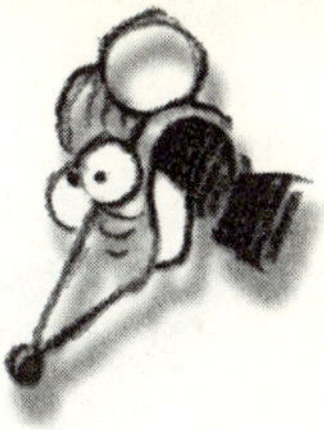
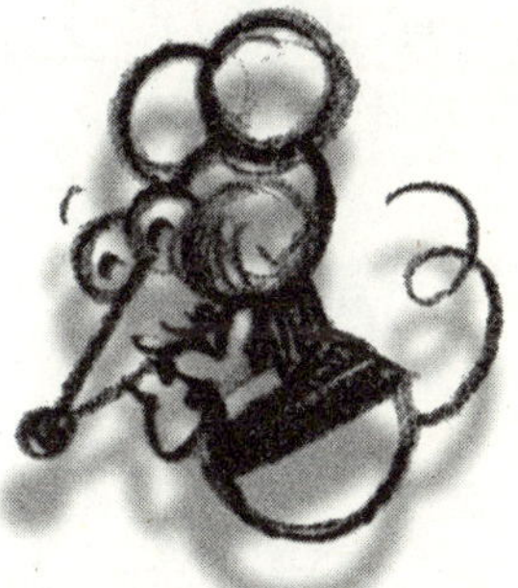
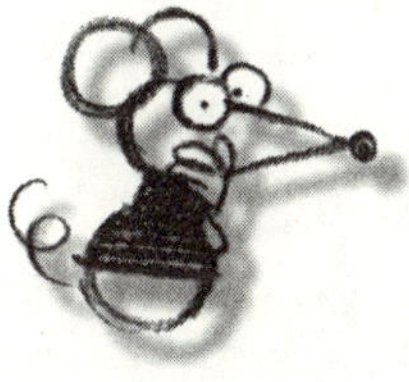
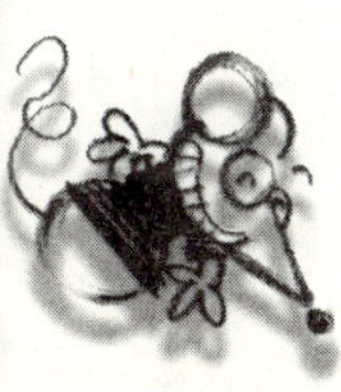
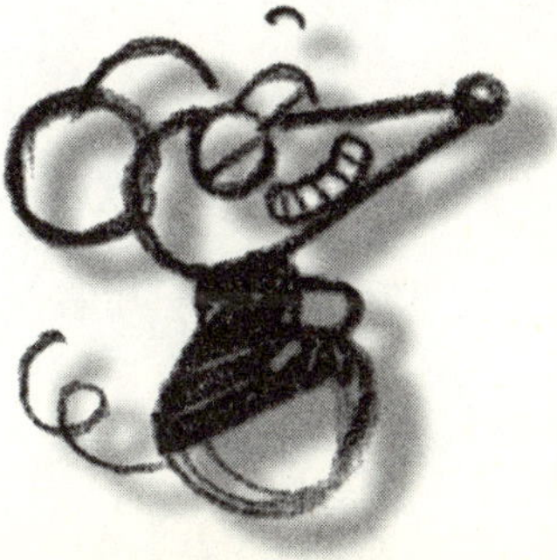

Dottori

e...

dintorni

Dottori e... dintorni

cap. 20

Vecchietta arzilla

Il medico, congedando una vecchietta, le raccomanda di salire le scale il meno possibile.

Fu così che la vecchietta, obbediente, rincasò arrampicandosi per il tubo della grondaia.

Cure impossibili

– Ci sarebbe un mezzo per guarire dalla sua depressione. – dice il dottore al paziente – Dovrebbe cantare mentre lavora.

– È una parola! Io faccio il soffiatore di vetro!

Anatomia

– Perché ti tieni il fianco sinistro?
– Ho un attacco di mal di fegato.
– Ma il fegato non è a destra?
– Sì, lo so, ma io sono mancino…

Vantaggi della malattia

– Dottore, mio marito crede di essere un cavallo, si può fare qualcosa?
– Certo… ma l'avviso che la cura costa molto.
– Non importa, possiamo pagare: mio marito ha già vinto due corse…

Sciopero dei medici: Agitarsi prima dell'uso!

Il consiglio del medico

– Che consiglio ti ha dato il medico contro l'amnesia?
– Mi ha detto di scrivere un memoriale...

Se non sei malato... lo diventi!

– Tossisca, tossisca forte per favore... ancora... ancora più forte... Ecco, prenda queste.
– Che cosa sono, dottore?
– Pastiglie contro la tosse...

Cure impossibili

– Ha preso il medicinale che le avevo prescritto?
– No.
– E perché, scusi?
– Sulla boccetta c'è scritto: "Tenere il flacone ermeticamente chiuso"!

Malattie... professionali!

Un cavatappi va dal medico: – Dottore! Credo di non star bene... ogni volta che sono vicino a una bottiglia mi gira la testa!

Senza scelta

In una clinica è l'ora della visita medica. L'equipe di medici si ferma davanti al letto di un paziente in fondo alla stanza.

Il primario guarda la cartella clinica dell'uomo ed esclama: – Brutta... brutta... bruttissima questa malattia! O si muore o si diventa scemi! Io l'ho avuta da piccino!!!

Soluzione pratica

– Lei ha un polso che non mi piace affatto, è molto irregolare – dice il medico alla paziente.

– Non ci badi dottore, porterò le maniche lunghe: coprono i polsi, e così nessuno si accorge della mia irregolarità!

Dentista:
– Venga tra una settimana per l'estrazione
Paziente: – Perché? Che sorteggiate?

Dal dentista 1
– Dottore, perché mi ha messo la camicia di forza prima di levarmi il dente?
– Non si sa mai: si tratta del dente del giudizio!

Dal dentista 2
Una mamma supplica il suo bambino:
– Sii bravo, Carletto! Apri la bocca e dì "Aaaaaaa", così il dottore può finalmente togliere la mano…!

Dal medico

– Dottore, dottore... mio figlio ha bevuto un litro di benzina, che cosa può fare?
– Se va piano, anche venti chilometri!

Al pronto soccorso

Due bambini arrivano di corsa al pronto soccorso.
– Ho appena ingoiato una pallina.
– E tu? – chiede il medico al più piccolo che sembra preoccupatissimo.
– Io? Io sono il proprietario della pallina.

Piccoli incidenti

– Dottore, dottore... un cane mi ha morso alla gamba!
– Ci ha messo qualcosa sopra?
– No, gli è piaciuta così com'era.

Assolutamente logico!

– Dottore, spesso, quando muovo le orecchie, mi viene mal di testa.
– ... E lei perché muove le orecchie?
– E se non le muovo, come faccio a sapere che ho mal di testa?

Una mamma preoccupata

– Dottore, il mio bambino mangia sempre le unghie.
– Non è il caso di preoccuparsi tanto!
– Sì, se mangiasse soltanto le sue...

Telefonate che allungano la vita!

– Presto, venga all'ospedale, suo marito è stato schiacciato da un rullo compressore!

La povera donna si precipita all'ospedale e chiede: – Dov'è mio marito? È stato schiacciato da un rullo compressore…

– Ah sì, – risponde tranquilla l'infermiera – stanze 15, 16 e 17.

Dall'oculista

– Provi un po' se riesce a leggere le lettere e i numeri su quel cartello laggiù.

– Che cartello?

– Perfetto, va bene così: idoneo.

– Idoneo? Ma scherza? Se non ho visto nemmeno il cartello!

– Per forza: non c'è!

Nessuna rinuncia...

Una signora molto grassa dice a un'amica: – Il dottore mi ha proibito di mangiare gelati.

– E tu cosa fai? – chiede l'amica.

– Li lecco!

Un collezionista...

Un uomo va dal dottore e dice: – La mia famiglia dice che sono pazzo!

– Come mai? – chiede il dottore.

– Perché mi piacciono i prosciutti! – risponde l'uomo.

– Ma anche a me piacciono i prosciutti – dice il dottore.

– Davvero? – replica l'uomo – Allora venga a casa mia che le faccio vedere la mia collezione!

Per chi sa tenere sveglia l'attenzione...

Un predicatore si reca dallo psichiatra.

Dopo una visita accurata, il medico gli chiede: – Le succede di parlare mentre dorme?

– No, solo mentre dormono gli altri…

Problemi sul lavoro

– Dottore, non posso continuare così… Appena arrivo al lavoro mi addormento!

– E dove lavora?

– Al mattatoio.

– Ma come, lei si addormenta mentre uccide i buoi?

– Non sono buoi, dottore, sono pecore e non le uccido. Io mi addormento mentre le conto al loro arrivo.

Salute in fumo

Una donna telefona, molto agitata:
– Dottore, sono preoccupata! Mio marito ha iniziato a fumare!
– Sigarette leggere o forti?
– Ma no, dottore, è rimasto attaccato alla presa della corrente!

In pieno agosto

– Dottore questo caldo mi fa impazzire: sono convinto di essere un condizionatore d'aria!
– Strano. Comunque… rimanga un po' qui, fa un tale caldo!

Dal dietologo

– Scusi signora, lei quanto pesa?
– 55 chili senza occhiali.
– E con gli occhiali?
– 80! Sa, sono molto miope…

Tentativi

– Dottore, vorrei smettere di fumare ma non riesco. Cosa posso fare?
– Provi con le caramelle.
– Ho provato… ma non si accendono!

Storie

storie

&

Storie & storielline

cap. 21

Vecchietti

Due vecchietti stanno chiacchierando.
– Questo nuovo apparecchio acustico funziona benissimo! – dice uno.
– Che marca è? – chiede l'altro.
– Mezzogiorno e un quarto!

Nel mondo delle fiabe

Il pifferaio magico è riuscito a liberare la città dall'invasione dei topi. Il re, complimentandosi e ringraziando:
– Bravo! Bravissimo!
– Grazie, Sire.
– Ma, dimmi la verità: quel piffero è magico?
– No, è emmenthal!

Economia spicciola

Un attore noto anche per la sua avarizia si china per raccogliere una monetina da terra.
– Non ti vergogni di abbassarti per cinque centesimi? – gli dice un amico.
– Cinque? Sono dieci centesimi, non hai visto?

In montagna

Un turista, in montagna, interroga un contadino circa una gran quantità di grossi sassi che riempiono un prato.
– Li ha portati giù la frana – spiega il contadino.
– E la frana dov'è finita?
– È tornata su a prenderne degli altri!

Racconti dell'oltretomba

In un cimitero, in una notte di luna piena, uno scheletro, tenendo un pallone in mano, si avvicina a un'altra tomba:

– Dai Luigi, c'è una luna che spacca le pietre: vieni fuori... ci facciamo quattro tiri!

Dalla tomba: – Un attimo, metto le tibie e arrivo!

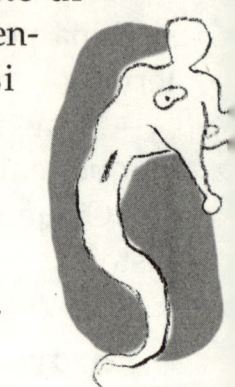

Un'eccezione...

– Stiamo conducendo un'inchiesta sulla gioventù bruciata. Mi dica, signora, suo figlio fuma?

– No.

– Beve vino, liquori?

– Solo latte.

– Frequenta cattive compagnie?

– Neanche per idea.

– Rincasa tardi la notte?

– Va a letto appena ha cenato.

– Ma è un ragazzo eccezionale! Qual è la sua età?

– Cinque mesi.

Amori utili!

Una ragazza scrive una lettera al fidanzato lontano:

"Se per Natale vuoi venire a casa mia, io sarò contentissima! Così puoi innaffiarmi le piante mentre sono in vacanza in Messico..."

Pettegolezzi tra amiche!

– Chiara, chi ti ha scritto quella lettera di 20 pagine?!
– Me l'ha mandata Giovanna...
– E che cosa ti ha scritto?
– Che mi racconterà tutto al suo ritorno dalle vacanze!

Santi protettori

Un signore ha comprato una Ferrari nuova e invita due amici a fare un giro. Siccome va molto veloce, il primo amico dice: – Ho paura, fammi scendere!

E lui risponde: – Non aver paura, perché San Gennaro è con noi!

Ma l'amico ha troppa paura e vuole scendere per forza.

Dopo un po' di tempo anche il secondo amico chiede di scendere, ma anche a lui il signore dice: – Non aver paura, San Gennaro è con noi!

Ma anche il secondo amico vuole scendere.

L'uomo riparte con la sua auto velocissima, ma dopo un po' si sente chiamare. È San Gennaro che ha paura e vuole scendere!

Saper vivere

La persona fine, educata, paziente e dignitosa, se è disturbata in treno da qualche maleducato, non grida, non discute, non ricorre al personale ferroviario ma – e solo perché è vietato buttare oggetti dal finestrino quando il treno è in corsa – attende che il treno si fermi, abbassa il finestrino, afferra il maleducato che disturba e lo butta.

Pierino e la mela

Pierino entra in casa di corsa e chiede al babbo: – È vero che una mela al giorno leva il medico di torno?

– Certo, Pierino – dice il babbo.

– Allora passami una mela! Svelto! – risponde Pierino – Ho appena sfondato la finestra del dottore con una pallonata e lui sta venendo qui...!

AL RISTORANTE

Selvaggina speciale

– Cameriere, cameriere! – chiama il cliente.

Il cameriere accorre e guardando il piatto sul tavolo: – Be', sì... effettivamente il coniglio è poco cotto...

– Poco cotto...!!! – risponde il cliente – Questo si è mangiato tutta l'insalata!

Piccole sorprese

Al ristorante un cliente trova una mosca nella minestra. Chiama il cameriere e dice: – Che cosa fa qui questa mosca!

– Si direbbe che nuoti! – risponde il cameriere.

Servizio lento

Al ristorante un mio amico ha ordinato un risotto con le lumache. Pensa... prima gli hanno portato il riso e dopo due ore sono arrivate le lumache!

Scommesse

– Cinque giorni fa, nel giorno del mio cinquantacinquesimo compleanno, sono andato all'ippodromo e ho puntato tutto quello che avevo sul cavallo numero cinque della quinta corsa.
– Scommetto che hai vinto 55,55 euro!
– No, il cavallo è arrivato quinto…

Acquisti economici!

Una signora entra in un negozio di ombrelli: – Senta quanto costa quell'ombrello?
– Cinquanta euro signora.
– No… è troppo! Ce n'è uno che costa di meno?
– Si signora, quell'altro modello ne costa quaranta.
– È sempre troppo… e quel modello lì in basso quanto costa?
– Quello? Solo venticinque euro!
– Venticinque? E per meno cosa posso prendere?
– La pioggia!

Pietro e la lumaca

Pietro porta a passeggio una lumaca al guinzaglio.

– Ciao Pietro! – lo saluta un amico – Hai una bellissima lumaca!

– Ne avevo una ancora più bella, ma mi è scappata…

Tra facchini alla stazione

Un facchino, indicando un passeggero, dice a un altro facchino:
– Che avaro quel tizio! Pensa che gli ho portato tutte le borse sul treno e come ricompensa ha messo la mano in tasca e ha detto: "Tenga buon uomo, per il caffè".

– E cosa ti ha dato?

– Una bustina di zucchero…

Vendette

Due famiglie sono in lotta da più di trecento anni. Per vendicare la morte del padre, ucciso da poco, due fratelli decidono di uccidere a loro volta uno dei componenti della famiglia nemica. Sapendo che questi torna dalla città tutte le sere alle sei, si nascondono dietro un albero sulla strada principale con i fucili pronti. Alle sette non si vede ancora nessuno, alle sette e mezzo ancora nessuno...

Guardando l'orologio uno dei due dice all'altro: – Speriamo che non gli sia successo niente...

Per festeggiare!

– Signora – implora un mendicante – mi dia qualcosa per comprarmi un dolce!

– Un dolce? Non farebbe meglio a comprarsi del pane?

– Forse, signora. Ma oggi è il mio compleanno!

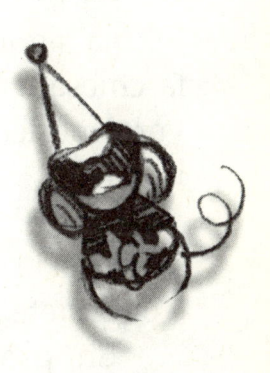

Nomi propri...

Un bambino va all'asilo. A un certo punto incontra una bambina e le chiede:
– Ciao, come ti chiami?
E lei: – Margherita!... Perché quando ero nella culla una margherita c'è caduta dentro.

Poi va da un'altra bimba e le fa la stessa domanda. E lei: – Rosa! ...Perché quando ero nella culla una rosa c'è caduta dentro.

E poi vede un bimbo tutto storto e malridotto e gli fa la stessa domanda.

E lui: – PINO!

Miracoli!

Una signora esce dalla chiesa e vede un povero monco che chiede la carità.

– Come? – brontola – La settimana scorsa eravate cieco e oggi siete monco?

– Eh, proprio così. – si scusa l'uomo – Ho ritrovato la vista e ne ho avuto una tale emozione che... ho perso una mano!

Quando ci si convince...

Un petroliere finito in Paradiso decide di fare uno scherzo ad altri suoi colleghi e così inizia a mettere in giro la voce che all'inferno è stato scoperto un giacimento petrolifero. Tutti gli altri petrolieri si precipitano giù. Restato solo fra sé e sé riflette "E se ci fosse qualcosa di vero nella diceria che ho diffuso?". E si precipita all'inferno anche lui.

Furto facilitato

– Sai, – racconta un ladro a un collega – sono riuscito a rubare in quella villa senza accendere la torcia elettrica.
– Ma dai! E come hai fatto?
– Hanno lasciato la luce accesa... per paura dei ladri!

Il gran ballo degli scienziati

Ecco le risposte che sono state ricevute dopo aver spedito gli inviti al GRAN BALLO DEGLI SCIENZIATI:

Pierre e Marie Curie irradiarono entusiasmo; Einstein pensò che sarebbe stato relativamente facile parteciparvi; Volta si sentì elettrizzato; Ampere non ne fu messo al corrente; Ohm al principio oppose resistenza; Boyle disse che era troppo sotto pressione; Edison pensò che sarebbe stata un'esperienza illuminante; Stephenson si mise a sbuffare; i fratelli Wright si sentirono volare; il dottor Jekyll declinò, dicendo che ultimamente non era se stesso; Morse avrebbe preso la linea 2 e sarebbe arrivato alle 8 in punto; Franklin disse che sarebbe arrivato in un lampo; Meucci avrebbe telefonato per conferma; Von Braun sarebbe arrivato come un missile; Fermi disse che era una notizia atomica; la moglie di Coulomb si sentì carica; Hertz si sentì sulla cresta dell'onda; Joule dovette rinunciare per problemi di lavoro; Nobel esplose di gioia per la notizia; Kelvin disse che era in grado di partecipare; Fourier aveva già una serie di impegni; Cantor rifiutò: preferiva gli insiemi piu compatti; Abel invece accettò di buon grado: si trovava bene in gruppo... e Avogadro non fu avvisato: nessuno si ricordava il suo numero!

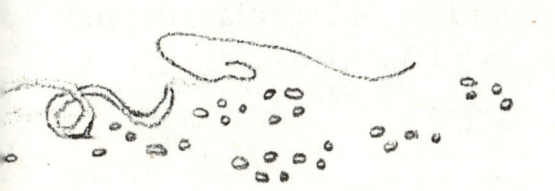

Questa tecnologia!

Il signor Piero è in piedi su una sedia davanti alla televisione e tiene sollevato in alto, sopra la testa, un libro: – Accidenti, al negozio mi hanno dato un televisore guasto! Ho alzato il volume al massimo, ma non si sente nulla…

Altre comunità...

In un villaggio di una tribù cannibale sono in corso i comizi per eleggere il capo. Un candidato si rivolge ai suoi possibili elettori: – E ricordate amici: votate per me e ci mangeremo tutta l'opposizione!

Gara fra vampiri

Ci sono tre vampiri che decidono di fare una gara a chi beve più sangue.

Parte e torna il primo con le labbra sporche di sangue e gli altri chiedono:

– Dove sei stato?

E lui risponde:

– La vedete quella roccia? Oltre c'è un paese e mi sono bevuto tutto il sangue degli abitanti.

Parte il secondo vampiro e torna con il viso sporco di sangue e alla domanda degli altri risponde:

– La vedete quella roccia? Oltre c'è un paese e poi una città e mi sono bevuto tutto il sangue degli abitanti.

Parte anche il terzo vampiro e ritorna completamente sporco di sangue e alla domanda dei due risponde: – La vedete quella roccia? …io non l'ho vista!

Diluvio universale

Passati alcuni giorni dopo il tremendo diluvio universale, il cielo si apre e Noè decide di mandare la colomba in ricognizione. Poiché la colomba torna con un ramoscello in bocca, Noè pensa che le acque si siano prosciugate. Lieto della cosa, apre l'arca e fa uscire gli animali, che però annegano tutti: l'acqua non si era prosciugata.

– Noè cosa hai fatto?! – grida Dio dal cielo.

– Oh buon Dio... è stata la colomba a ingannarmi portando nel becco un ramoscello d'ulivo.

Dio allora si rivolge alla colomba:

– Perché hai portato un ramoscello d'ulivo facendo credere che le acque si erano ritirate?

E la colomba: – Quale ramo d'ulivo? Io gli ho portato un'alga!

Nel deserto

Un tale arriva con la sua jeep vicino a una duna nel deserto e pianta la tenda. Al mattino del primo giorno scava 10 metri; al secondo giorno altri 10 metri; al terzo giorno ancora altri 10 metri.

A questo punto dobbiamo spiegare che la barzelletta non è molto bella… ma è molto profonda!

Scambio di ruoli!

Un cacciatore muore e va in cielo. Dio, per punirlo, lo rimanda sulla terra con le sembianze di una lepre.

Un giorno, trovandosi davanti un cacciatore con il fucile puntato supplica:

– No, la supplico, non spari! Vede, lei non mi crederà… ma io prima ero un cacciatore non una lepre!

Il cacciatore lo guarda, avvicina il fucile e dice: – Ah sì? Be', le credo, solo che io, prima, ero un fagiano!

Nel paese della frutta

Nel paese della frutta, l'uva cattivissima e prepotente va' in giro e quando incontra una mela: – Mela spostati, se no ti sparo...

– Sì sì sì... scusami scusami, passa pure.

L'uva continua e va oltre... dopo un po' incontra una pera.

– Pera spostati se no ti faccio nera...

– Per l'amor del cielo! Ecco mi sposto subito, scusami...

E così avanti.

Tutta la frutta e gli ortaggi si spostano al passare di questa uva cattivissima e prepotente.

A un certo punto, l'uva incontra il fico:
– Fico spostati altrimenti...
Il fico che voleva fare il duro, dice: – No non mi sposto, non mi fai paura, uva!
– Vuoi fare a botte? Levati di mezzo!
– No, non mi fai paura...
– Guarda che ti sparo! – dice l'uva, estraendo un pistolone.
– Non ci credo... non mi prenderai in giro come gli altri!
– Ah si? – dice l'uva e... B A N G!!!
– Aaaaahhhhaaa... – grida il fico e casca per terra, morto.
Morale della storia: fico secco, uva passa!

Mangime per polli

Un allevatore sta ammirando il proprio allevamento di galline all'aria aperta. A un certo punto si avvicina un tipo distinto e gli chiede: – Belli i suoi polli, che cosa mangiano?

– Ah guardi... solo roba di prima qualità, costosissima, che compero al supermercato.

– Ma non si vergogna? Io sono un commissario della FAO incaricato di multare chi spreca cibo e le farò avere una multa di 500 euro!

Qualche giorno dopo l'allevatore viene avvicinato nuovamente da un uomo:

– Belli i suoi polli, che cosa mangiano?

L'allevatore, ricordandosi della multa,

dice: – Ah... roba da poco, scadente, di scarto, che costa pochissimo...

– Ma non si vergogna? Io sono della protezione animali e presto le farò arrivare a casa una bella multa di 500 euro: così impara!

Dopo una settimana l'allevatore, ricevute le due multe, viene nuovamente avvicinato da un ammiratore dell'allevamento:

– Che belli i suoi polli, che cosa mangiano?

– Ah, guardi, io gli do 10 euro a testa e si comperano quello che vogliono!

Indagini

Sherlock Holmes, accompagnato al solito dal fido Watson, è alla ricerca di una bimba, testimone di un delitto.

– Che scuola abbiamo detto che frequenta, caro Holmes?
– Elementare, Watson, elementare.

Nel far west

Due cowboy sono assaliti dagli indiani. Dopo una lunga resistenza, uno dei due purtroppo viene ferito.

– Ehi, Sam, ma sei ferito!
– Si, Jack, mi hanno colpito…
– E dove?
– Proprio qui, dove indica la freccia!

Mestieri... antichi

– Scusa, ma tu che lavori fai? – chiede incuriosito un amico ad un altro.

– Faccio il costruttore di trappole per dinosauri. – risponde quello.

– Ma se i dinosauri sono scomparsi da millenni!!

– Certo... è perché so fare bene il mio mestiere!

Spettacolo di prestigio

Durante lo spettacolo, il prestigiatore fa salire sul palco un ragazzino.

– Vieni, ora eseguiremo insieme un numero! Naturalmente, per correttezza, conferma al gentile pubblico che noi non ci conosciamo.

– Certo papà!

Andando a tavola...

Un tipo entra al ristorante, si siede e ordina un piatto di pasta. Sta per assaggiarla quando un'ape inizia a ronzargli intorno dicendo: – Io sono Tito, io sono Tito!

E se ne va.

Gli viene servito il secondo, una bella grande bistecca. L'ape si avvicina e dice:

– Io sono Tito, io sono Tito, io sono Tito!

E se ne va.

Al momento di mangiare un'enorme coppa di gelato... – Io sono Tito, io sono Tito, io sono Tito, io sono Tito!

E l'ape se ne va.

Morale: l'ape Tito vien mangiando!

Cercando vestiti...

Un cowboy molto grasso entra in un emporio per cercare dei pantaloni.
– Avete la mia taglia?
– No, ci spiace.
– E non sapete dove potrei trovarla?
– Ha provato dallo sceriffo?

Abitudini interrotte!

Il cane di un signore esce tutte le mattine, va in edicola, compra il giornale e torna a casa.

Un giorno esce come al solito ma non rientra.

Il padrone, preoccupato, chiama i vigili. Dopo una settimana riceve una telefonata:

– Non si preoccupi, lo abbiamo trovato.
– Ma... ma dov'era?
– Davanti all'edicola – risponde il vigile.
– Strano, di solito il giornalaio gli mette il giornale in bocca e lui torna subito!
– Ah, allora si spiega. Vedrà che fra cinque giorni torna.
– E perché fra cinque giorni?
– L'edicola è chiusa per ferie!

Per non perdere la corsa!

Giovanni arriva di corsa al porto. Vede il traghetto a pochi metri dalla banchina, si lancia (ma inutilmente) per raggiungerlo e cade in mare.

– Guardi che poteva aspettare. – dice il marinaio del porto che lo tira fuori dall'acqua – Il traghetto non stava andando... sta per attraccare!

All'anagrafe

Un pellerossa, il cui complicatissimo nome significa "Piccola e mansueta pecorella che saltella nella prateria inseguita dall'occhio vigile di madre pecora", si rivolge all'ufficiale dell'anagrafe: – Scusi, è possibile cambiare nome, che mi dà un sacco di problemi nelle presentazioni?

– Certo - risponde l'impiegato. – E come vorrebbe chiamarsi?

– Semplicemente "bee-bee"!

Scambio...

Una baby-sitter torna a casa dei datori di lavoro dopo essere stata una mattinata al parco. La madre del pargolo si avvicina di corsa alla carrozzina:
- Bello di mamma sua! ... ma ... ma questo non è mio figlio!!!
- Signora, mi ha ordinato lei di cambiarlo se si fosse sporcato!

Un vero duro!

Due cowboy si incontrano e uno fa all'altro:
- Il nostro sceriffo si che è un vero duro! Figurati che porta la stella appuntata sul petto!
- Ma guarda che tutti gli sceriffi portano la stella sul petto!
- Senza camicia?

Ohhhh-issa!

Due traslocatori devono portare a braccia una cassaforte pesantissima su per le scale di un palazzo. Salgono il primo piano, il secondo, il terzo. Arrivati al quarto uno dei due sbuffando:

– Senti... io non ce la faccio più! Mentre io mi siedo un attimo qui, tu sali e vai a vedere quanti piani mancano per arrivare dal Cavalier Bonfanti.

L'altro sale le scale e torna poco dopo:

– Allora, ho una notizia buona e una cattiva, quale vuoi sentire per prima?

– Dimmi prima quella buona...

– Manca solo un piano!

– E quella cattiva?

– Abbiamo sbagliato portone...

Banchetto e... trucchetto

In un castello, il signore è seduto a tavola in attesa di essere servito. Arriva il servitore che porta su un piatto una magnifica gru cucinata... ma senza una coscia. Il signore del castello pensa che sia stata mangiata dal cuoco. Lo fa chiamare e:

– Perché questa gru ha una coscia sola?

– Ma signore, lo sanno tutti che le gru hanno una gamba sola... – risponde il cuoco.

– Dimostramelo, allora! – dice il castellano – o sarai punito!

– D'accordo – dice il cuoco, e lo invita a recarsi il mattino dopo a uno stagno dove sostano di solito le gru.

Sono tutte lì, addormentate... su una gamba sola. Il cuoco pensa ormai di essere scampato alla punizione, quando il signore lancia un grido e tutte le gru prendono il volo mostrando anche l'altra gamba!

– E dunque? – dice con tono minaccioso il castellano.

– Be', be'... se lei avesse gridato anche ieri a tavola, mio signore, la mia gru avrebbe tirato fuori l'altra gamba!

Indice

Introduzione 5

Capitolo 1 *Ragazzi terribili*...............................10

Capitolo 2 *Solo una domanda…* 24

Capitolo 3 *In viaggio… e non solo* 48

Capitolo 4 *At-tenti!*... 56

Capitolo 5 *Cibo da re!* 70

Capitolo 6 *Tra matti e dottori* 80

Capitolo 7 *Zampe in alto!*................................. 88

Capitolo 8 *Famiglia & Co.* 116

Capitolo 9 *Colmo de' Colmi*............................ 128

Capitolo 10 *Chi era costui?*.............................. 148

Capitolo 11 *Ride bene chi ride ultimo* 156

Capitolo 12 *Botta e risposta* 192

Capitolo 13 *Il mondo animale* 200

Capitolo 14 *Penna, matita e... calamaio* 228

Capitolo 15 *Stranezze e varietà* 246

Capitolo 16 *Hobby & sport* 264

Capitolo 17 *Autorità* 274

Capitolo 18 *Muoversi, muoversi!* 286

Capitolo 19 *Io, tu... e noi* 302

Capitolo 20 *Dottori e... dintorni* 334

Capitolo 21 *Storie & storielline* 348